東欧音楽綺譚

クルレンツィス
跛行の来訪神
ペトルーシュカ

伊東信宏
Nobuhiro Ito

音楽之友社

まえがき

本書は、『レコード芸術』誌に連載している「東欧採音譚」の二年分を集めたものである。

連載の話をいただいたのは二〇一五年の夏のことだ。月刊誌の連載というのははじめての経験で、毎月書けるのか、書けても読者に楽しんでもらえるものになるのか、と危惧したのだが、実際に始めてみると、担当の田中基裕さんの反応にほだされて、なんとなくスルスルと書けてしまった、というのが実感である。もちろん毎回の締め切り前にはそれなりに苦心もしたのだが、それより好きなことを書ける場を持てることをありがたく思うことの方が多かった。二年経って、それなりの分量が溜まったので、本にしたいと相談し、本書のようなかたちでまとめることになった。

目次を一瞥していただければわかるが、かなり雑多な内容である。ちょうどこの二年間、勤務先の大学で忙しい役が当たっており、そのせいもあって本来なら論文にすべき主題も、逆に音楽とはほとんど関係のないような雑記や身辺報告の類も、全部ここに盛り込んでしまった。それでも書き手の関心にしたがって、やはり話題の外延は比較的はっきりしており、だいたい「東欧」の「音楽」の話題というところに収まっている。本書のタイトルはそれをストレートに示したつもりである。一方で、副題の方はその雑多な内容のなかから、複数回取り上げたものを並列した。もとより本書の話題は、この三題の範囲には収まらないが、あちこちに飛ぶ珍奇な話のサンプルにはなっていると思う。

単行本としてまとめるにあたって、各回の原稿は、注釈を加えたりした以外はあまり改稿していない。ちょっと収拾がつかなくなりそうだったからだ。ここで書いた内容は、現在進行形でどんどん変化しつつあり、たとえば冒頭の三回を始め、何箇所かで触れたクルレンツィスとムジカエテルナは、またたく間に広く認知されるようになり、初来日も決まった。あるいは第一三回の原稿で触れた三輪眞弘さんと前田真二郎さんのオペラ『新しい時代』は実際に再演され、その公演が佐治敬三賞を受賞した。また第一〇回で書いている「レヒニッツの虐殺」をめぐる本は、筆者自身が翻訳を出すことになって、現在作業中である。そんなわけで、改稿し出すとキリがなさそうだし、筆者としてもその時々の思い入れもあるので、わずかに事実関係の間違いなどについて修正を行った以外は手を加えなかった。それだけに、どの時点で掲載されたか、ということは重要だと考えて、それがわかるように各回の初めに掲載号を示している。

ちょうどこの数年、「演奏」の世界は大きな転回点を迎えているように思われる。かつての「名演奏家」の時代は遠くなったが、新しいスタイルの演奏が現れてそれぞれに個性的な演奏を展開している。個人的実感からすると、長くしょんぼりしていた演奏に対する好奇心というか食欲が、近頃久しぶりに掻き立てられるようになった。これが「ヨーロッパ音楽」の、最後の輝きなのか、それとも新しい局面が始まっているのか、議論の余地はあろうと思うが、筆者はこれらの文章を書いてきて、次第に後者なのではないかという思いが強くなっている。もしそうだったとすれば、この時期に連載を始められたことはとても幸せだったと思うし、読んでいただいてそういう興奮を多少とも共有していただけるなら、筆者としては大きな喜びである。

そして巻末には短い文章を一つ加えている。これは吉田秀和さんが亡くなった時に、同じ編集の田中さんの依頼に応じて書いたものだ。ムックに掲載されたのだが、単行本のなかに残したいという思いもあり、あとがき代わりにここに収めさせていただいた。

自由に書かせていただき、いつもテンションの高い反応で励ましてくださった田中さんに、そして今回の単行本化にあたって、いろいろわがままをきいてくださった青野泰史さんに感謝いたします。

伊東信宏

二〇一八年六月

Contents
東欧音楽綺譚

Chapter 1

クルレンツィスとコパチンスカヤの「結婚」

2016年1月号

伊東とは誰だ、と思われる方も少なくないと思うので、簡単な自己紹介から。筆者は大学で音楽学を教え、新聞や放送で、いわゆる評論家とか解説者のような仕事をしている。専門は、東欧の音楽史、民俗音楽研究で、ハンガリーに留学した後、帰国してからも比較的頻繁に東欧の各国に出かけて、街を見たり、田舎を回ったりしてきた。しばらくこの欄で、演奏やCDについての話を書かせていただくことになったのだが、東欧あたりのクラシックとも民俗音楽ともつかぬものを取りあげることが多いのではないか、と思う。だからタイトルにも東欧と付けた。が、しばらく書いてみなければわからない。お付き合いいただければ、幸いである。

初回は実は別の原稿を用意していたのだが、編集の田中さんが送ってくれたサンプル版があまりに凄かったので、いきなり予定を変更してこの録音とそれをめぐるいくつかの話から始めることにした。テオドール・クルレンツィスが率いるムジカエテルナ、そして独奏パトリツィア・コパチンスカヤによるチャイコフスキーのヴァイオリン協奏曲の新録音である。

＊　＊　＊

コパチンスカヤについては、すでにいくつかの文章を書いてきた。かつて上梓した拙著『中東欧音楽の回路』（岩波書店、二〇〇九年）では一節を割いて彼女と彼女の伴侶であるＬ氏について書いたし、新聞の演奏会評でも早くからとんでもない演奏家がいる、と騒いでいたつもりだ。モルドヴァ共和国の首都キシネフの生まれで、父親は旧ソ連時代からの高名なツィンバロム奏者、母はその楽団で一緒に弾いていたヴァイオリン奏者。そういう両親を持った彼女は、世が世なら、民俗楽団の後継者として、両親と同じように地元で民俗音楽を奏していてもおかしくなかった。それが何かの拍子で両親とともにスイスに亡命し、ベルンの音楽院に通うようになり、そこで現代音楽にも親しむことに

チャイコフスキー：ヴァイオリン協奏曲ニ長調 Op.35,
ストラヴィンスキー：バレエ・カンタータ《結婚》
パトリシア・コパチンスカヤ（vn）
テオドール・クルレンツィス指揮ムジカエテルナ，他
録音：2014年5月（チャイコフスキー）2013年10月

なって、結果的に民俗音楽／現代音楽の両方の感覚を備えてベートーヴェンやエトヴェシュを弾きこなすとんでもないヴァイオリニストが出現することになった。

そういう彼女のことだから、チャイコフスキーの協奏曲の新録音がまた一段と刺激的になる、ということは十分予想がつく。実は筆者は、彼女のチャイコフスキーの演奏は何度か実演でも聴いていて、それは本当に曲の認識を一変させるような素晴らしいものだったので、ここでもそれが確かめられるかと思って聴き出した。

だが、ほとんど最初の一音から自分の認識が甘かったことを痛感した。これは「刺激的」な演奏なんていう生易しいものではない。一九世紀から続く演奏史のうえで、かなり大きな節目となるような録音だ。かつて一九五〇年代半ば、グールドが《ゴルトベルク変奏曲》でデビューし、アーノンクールがコンツェントゥス・ムジクスを組織し始めた頃、演奏のパラダイムは大きな変化を経験したが、この録音はそれに匹敵するような変動が起こり始めていることを告げている。まだうまく整理できないが、あのとき二つの方向に分かれた道（グールドのように演奏伝統をぶっちぎるやり方とアーノンクールのように当時の音を再創造しようというやり方）が、そろそろもう一度一つになろうとしているような気配がある。

問題はクルレンツィスという指揮者、そしてムジカエテルナというこの恐るべき楽団だ。彼らについては噂を聞いてはいたけれど、迂闊ながら極端にエキセントリックな演奏をする、古楽を基礎とする楽団だというくらいの認識しかなかった。

指揮者本人はギリシャ人で、今はペルミというモスクワからずっと東のユーラシア中央部の地方都市（ディアギレフの生まれ故郷だ）の劇場の監督をしているらしい。彼が率いるムジカエテルナという楽団（シベリアのノヴォシビルスクで結成され、クルレンツィスとともに今はペルミを本拠としている）はあのコパチンスカヤと互角に張り合えるような弦楽器奏者をそろえ、そして彼女を煽り、追いつめさえする木管群を擁し、そして強奏ともなれば天地開闢のような音を何度でも響かせ得る金管と打楽器群を備えている。クルレンツィス本人は、メフィストフェレスを地のままで演じられそうな、どこか不気味な男だ。それにしても、ラモーのただなかにリゲティみたいなクラスターが聞こえてきたり、チャイコフスキーがストラヴィンスキーより荒々しく聞こえたりする、なんていうことを誰が想像するだろうか。でも実際、そういうことが彼らの録音では起こっている。

＊　＊　＊

第一楽章の主部、ヴァイオリン独奏による主題は極端に控え目にさりげなく入ってくるのだが、それを支える低弦のピッツィカートのみずみずしいこと。そしてそれに乗った弦楽器の和

（左）テオドール・クルレンツィス（右）パトリシア・コパチンスカヤ（写真：Felix Broede／『レコード芸術』2016年1月号より転載）

音のほとんど聴き取れないほどの弱奏。ノン・ヴィブラートだということもあるが、完全に表情を消している。「たっぷりとした良い響きで」なんていう呑気なことをこの楽団は一切考えないらしい。そして独奏のカデンツァの後に、同じ主題が戻ってくるときのフルートの見事なソロをどうか是非聴いてほしい。やはりノン・ヴィブラートだが、アーティキュレーションだけで旋律を立体化する奏法は、ピリオド奏法に基礎を置いているのだろうけれど、もうそういう次元を超えている。歴史的な考証に基づく演奏（ヒストリカリー・インフォームド・パフォーマンス）というよりも、歴史的考証を踏まえたうえで、もうそんなことはどうでもよくなってしまうほど過激な演奏だ。

第二楽章で、コパチンスカヤの独奏の旋律は、弱音器をつけて、弓圧を薄くして、そしておそらくコマ寄りに弾いているのでかすれきった音だ。これが、彼女の考えるところの、この旋律における「モルト・エスプレッシーヴォ」なのだ。霧が立ちこめた冥界の河のほとりで囁いているような演奏。そんな演奏をするヴァイオリンも恐ろしいけれど、冥界の霧みたいなものを描き出せるオーケストラの表出力は尋常ではない。その後、少し明るくなってからも、コパチンスカヤのヴァイオリンは弱音器のせいで、なんだか目が覚めてでもまだ悲しい夢の続きが半分残っているかのような鼻声に聞こえる。そして主題が再現したときに合いの手を入れるクラリネットは、コパチンスカヤのかすれた独奏を、さらに煽るように極端に少ない息で応える。

そして第三楽章は、コパチンスカヤの独壇場であるジプシー楽団の世界。それもハンガリーのレストランのジプシー楽団ではなくて、ルーマニアの村の楽師の音がする。これも実際に録音を聴いて確かめていただくほかはない。歴史的考証に基づく演奏、というものがあるなら、民族誌的考証に基づく演奏（エスノグラフィカリー・インフォームド・パフォーマンス）、というものもあるはずだ、と筆者は主張してきたのだが、ここで聴けるのも民族誌的な考証に基づいたうえで、それを超え出てしまった演奏だ。

とにかくコパチンスカヤもクルレンツィスも「美しさ」などというもののために自分の表現を手加減しようなどという気はさらさらない。

＊　＊　＊

コパチンスカヤのホームページには、自分が演奏する作品について、実にいろんなアイディアに満ちた文章が綴られていて面白いのだが、チャイコフスキーについては、まさにこの協奏曲の第二楽章に関する興味深いエッセイが載っている。ちょっと概要を紹介してみよう。

コパチンスカヤは自筆譜フリークで、しばしば自筆譜のコピーやファクシミリをそのまま使って演奏している。チャイコフスキーの協奏曲についても、博物館が便宜をはかってくれて自筆譜のコピーを見てみたらしい。するとそれはヴァイオリン・パートはチャイコフスキーの手によるものではなく、作曲のきっかけを作ったヴァイオリニスト、イオシフ・コテックによって筆写されたものだった、と彼女は言う。一八七八年、コテックがジュネーヴ湖畔のクララン(ストラヴィンスキーがラヴェルと共作した場所でもある)で静養していたチャイコフスキーを訪れて、そこでの二人のかかわりがヴァイオリン協奏曲誕生のきっかけになった、ということはよく知られた話だ。そして、ヴァイオリン・パートの奏法などについては、コテックが助言した、ということも言われているので、ヴァイオリン・パートの筆写をコテックが手伝っていたとしてもそれほど不思議ではない。でもここから彼女の(そしておそらくは彼女のパートナーであるL氏の)話は飛翔する。

第二楽章「カンツォネッタ」の主題は、この協奏曲の直後に書かれた《子供のためのアルバム》第一九曲〈フランスの古歌〉に似ている(と彼女の友達が言ったらしい)。これはフランスでは古くから知られた《私の美しい恋》という曲だ（ちなみに、チャイコフスキーはこの旋律をやはり一八七八年のオペラ《オルレアンの少女》第二幕でも使っている）。その古歌の大意は次のようなものだ。

私の美しい恋はどこへ行った？
おまえは毎日居場所を変えるのか？
誰に私の苦悩を打ち明ければいい？
だから私は森へ行って
消え行く声でそれを歌うしかない。

旋律はともかくとして、この歌詞をチャイコフスキーは知っていたのだろうか。コパチンスカヤの推測は、チャイコフスキーがひときわ愛着を持っていた乳母のフランス人、ファニー・デュルバッハからこの歌とその歌詞を聴いたのではないか、というものである。それはあり得る話だ。だとすれば、この歌によく似た旋律を「カンツォネッタ」の主題とすることで、チャイコフスキーは「打ち明けることのできない想い」をこの楽章に込めたことになる。実際、チャイコフスキーはこの第二楽章が「包み隠された憧れ」を描いている、とメック夫人宛ての手紙に書いている。

ではその「打ち明けられない想い」の対象は誰か？　それがコテックだった、とコパチンスカヤは推測している。男性のヴァイオリニストへの絶対に知られてはならない想いを、そのヴァイオリニストに向けて書いた協奏曲の緩徐楽章の旋律に密かに託す……厳密なチャイコフスキー研究からすると、ちょっと確かめておかねばならないことはあるにしても、コパチンスカヤの解釈ではそうなる。あの冥界の川辺から聞こえてくるようなかすれた音（それが歌詞にあるように「深い森の中」であったとしても象徴としてはおそらく同じことだ）は、たぶんそんなところから出てくるのだ。

＊　＊　＊

このCD、後半はストラヴィンスキーの《結婚》である。ロシアの農民の結婚儀礼をほとんどそのまま舞台化したような作品だ。花嫁は、ほとんど見知らぬ人のところへ嫁ぐことを「泣き歌」で訴え、婚礼を司る道化役は鍛冶屋の神を喚び出して二人の結びつきを「鉄のように」鍛えよと叫ぶ。ストラヴィンスキーは、そんな原色の民俗的声楽の世界を自由にコラージュし、マッシュアップし、ピアノ四台と打楽器というモノクロームの世界に対置した。

この《結婚》については、かつてポクロフスキー・アンサンブルによる奇天烈な録音があった。メンバーたちは、村に行って民謡を発声から修得し、声楽パートを歌う。ピアノパートはコンピュータの打ち込みで奏され、陰影のない、妙な音がしたが、それがまた声との対比で面白い。打楽器は、時々密教の法具のような音がする。とにかくどこを切っても一筋縄ではいかない録音だった。クルレンツィスとムジカエテルナの演奏が、あの録音を超えているかどうか、じっくり比べたいが紙数が尽きた。いつか機会があれば(来月かもしれないけれど)。

ちなみにCDのジャケットには、スラヴの民族衣装に身を包んだ親戚一同の結婚式の白黒写真。よく見ると花嫁花婿はクルレンツィスとコパチンスカヤだ。二人の「結婚」をコンセプトとするアルバムなのだ。コパチンスカヤ本人からの私信によると、ライナーノーツには二人の、お互いへのラブレターが載っているのだそう。

後記：原稿を送った直後に、そのライナーノーツの見本が届いた。そしてコパチンスカヤの手紙を読んで、息を呑んだ。それはほとんどガルシア・ロ

ロシアン・ヴォイス／結婚
〔ストラヴィンスキー：バレエ《結婚》，ロシアの婚礼歌集〕
ポクロフスキー・アンサンブル
（ドミトリー・ポクロフスキー：音楽監督）

ロシアの婚礼の歌の数々と、ストラヴィンスキーの《結婚》がカップリングされたアルバム

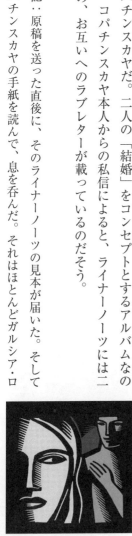

ルカの詩のようだ。こんなふうにその手紙は閉じられる。

『結婚』？　賛成！　結婚しましょう。太陽と大地のように結婚しましょう。星と月のように、音と私たちの心のように、陶酔と理性のように、そしてイーゴルとピョートルのように、ロシアと西欧のように、石と水のように。私はあまり身体に合わない白いドレスを着ている。でもいったい何が、私の身体に合ったりするのかしら。それになにより、私に合う誰かなんているのかしら？

ロシアの蚊が私のふくらはぎを咬むの。アイ、アイ、アイ！　私と踊って！　楽しんで！　夢見て！　そして結婚式をしましょう！

あなたのパトリツィア

写真：Alex Romanov_Sony Music Entertainment
（『レコード芸術』2016年1月号より転載）

Chapter 2

ストラヴィンスキー《結婚》の周辺

2016年2月号

先月の原稿の終わりに、クルレンツィスとムジカエテルナによるストラヴィンスキーの《結婚》の録音について、少し触れた。あのとき予感していたとおり、以来クルレンツィスの演奏のこと以外、ほとんど何も考えられなくなっていて、誰に会ってもその話しかしなくなったので、やっぱり今回は《結婚》について書いておこうと思う。

＊　＊　＊

先月も書いたとおり、ストラヴィンスキーの《結婚》（一九二三年初演）というのは、端的に言うとロシアの農民たちの結婚式の儀礼をほとんどそのまま舞台化したような作品である。結婚式前夜からはじまり、花嫁、花婿の家から教会へのパレード、教会での結婚式が終わると、ドルージコと呼ばれる司会兼道化師の進行のもとで行われる盛大な宴会。ストラヴィンスキーはそれをあまり時系列にこだわらずに提示する。それがどんなものか、ということを説明するには、たぶんそれが何に似ていないかを示すのが手っ取り早い。それは『ゼクシィ』的結婚式に一番似ていない。それでは言葉足らずなら、現代日本の我々が「結婚式」と聞いて思い浮かべるさまざまな表象、「恋愛」とか「幸せ」とか「優しい両親に見守られて」とか「はじめての共同作業」とか、そういうものとは一番無縁だ、と言ってもよい。でも、もし読者が家と家の関係を重視する古来の伝統に則った結婚式を行うようなところに住んでおられるなら、そういう結婚式と、ストラヴィンスキーがモデルとしたロシアの結婚式とは案外よく似ているかもしれない。

そもそもかつてのロシアでは、結婚式は「執り行う」ものではなくて、「演じる」という動詞で表されるような何物かだった。それは極めて儀礼的なものだったのだ。しかも、目出たくて喜ばしいもの、というよりは、どちらかというと辛くて不安なものだった。

《結婚》冒頭は、「私のお下げ、私の明るい褐色の下げ髪!」と始まるが、ここには、つまり未婚の女性はお下げ髪を垂らしており、既婚女性は髪を結い上げてスカーフで隠してしまう、という前提がある。結婚式の前夜には、花嫁の友人たちが集まって、このお下げをほどいて結い上げる、という儀式があり、その「髪結い」の儀式で歌われる（唱えられる）のが、この「私のお下げ髪」という言葉である。しかも花嫁はこの儀式の間じゅう、泣き続ける。住み慣れた我が家から一人ひきはがされ、未だ見も知らぬ男のところへやられてしまうことを嘆いて、仲人を恨み、両親に私を遠くに追いやってくれるな、と懇願する。念のために言うなら、これはもちろんマリッジブルーのゆえではない。彼女は本心では、花婿に憧れていて、結婚を望んでいるかもしれないが、「本心」などという不確かなものは誰も問題にしない。慣習に従って、定型的な「泣き歌」を一週間も前から歌い続けることが、こういう農村の結婚式では重要なのだ。

ストラヴィンスキーは、そんな結婚式で用いられる定型句ばかりを集めたP・キレエフスキーのコレクション（一八四〇年頃に準備されたが長く忘れられており、一九一一年に再評価・出版されたもの）から、歌詞を拾ってきて、それを断片化し、別々のものを重ねあわせたり、一緒にあったはずのものを切り離したりして編集し、そこに音楽を付けた。ちょっとその様子を追ってみよう。[注1]

第三場「花嫁の出発」の終わり（スコア練習番号八二）で、花嫁、花婿双方の母親が「泣き歌」を歌う場面。最初に、ソプラノが歌うのは「いとしいわが子よ／悲しみのなかに私を置いていかないでおくれ／戻っておいで、戻っておいで、わが子よ、／戻っておいで、いとしいわが子よ」という四行の歌詞を歌うのだが、これはキレエフスキーのコレクションでは、花婿の母の言葉として記載されている。続く二行は、メゾ・ソプラノで歌われ、「いとしいわが子よ、／私はお前に食べ物と飲物を与えた」という歌詞になるが、これは花嫁の母の言葉だ。コレクションでは、この歌詞は「さようなら、いとしいわが子よ」と始まるのだが、ストラヴィンスキーは最初の「さようなら」をカットして、花婿の母の歌詞と同じように「いとしいわが子よ」で始まるように変えてしまった。現実の結婚式においては、花婿の母の嘆きは、花嫁が花婿を迎えにゆく出発の前に花婿の家で歌われるものであり、一方花嫁の母の嘆きは、花嫁が出発する前、花嫁の前で歌われるのであって、両者がこのように同時に、同じ場で歌われるということはあり得ない。ストラヴィンスキーは、因習的で、古い言い回しに満ちた歌詞を素材としながら、その文脈を無視し、あえて異なる時間、空間の出来事を、重ねあわせた。

この時、彼は革命のゆえにロシアに帰れなくなっていて、スイスの仮寓で曲を書いていた。ロシアの習俗を、異郷の地で思い出しながら、彼はそれを煮詰め、変形し、抽象化する欲求に抵抗できなかったように見える。民俗的な素材に立脚していること／そうでありながらそれを写実的に再現するのではなく、どこかで想像力によるジャンプに身を任せること。この二つのアプローチを共存させることによって、ストラヴィンスキーは、帰れなくなったロシアを「いまここ」に顕現させようとしていたように思われる。

＊　＊　＊

ここに付けられた音楽の方も見てみよう。この場面は二〇世紀前半に書かれた音楽のうちでも最も緊張感に満ちた瞬間の一つだと思うが、その成り立ちは比較的簡単に粗描できる。まず、ピアノⅡが三二分音符のトレモロでeの音を奏し続け、ピアノⅠとⅢはそれぞれのかたちでaとbの半音を交互に奏する。そこに声が乗るが、二人の母の声が辿る音を並べるとfis - g - a - b - c - des - es - eという音階になる。これは半音と全音が交代で出てくる八音音階《オクタトニック》である（メシアンの用語で言えば「移調が限られた旋法」の一つで、ジャズで言う「コンディミ」、レンドヴァイの「1：2モデル」だが、ここでは「オクタトニック」としておこう）。ピアノで奏されているe - a - bもこの音階の構成音である。

ちなみにこの場面は、バルトークに大きな影響を与えた。バルトークの一九二四年の作品《五つ村の情景》の第三曲（一九二六年に管弦楽化された《三つの村の情景》の第一曲）〈婚礼〉の中間部は、ピアノがe - (f) - a - bの四音を奏しているところに、声が乗ってくるのだが、声はb - c - des - es - (f)の音を辿る。つまり、声もピアノも括弧をつけたfの音を除けば、ストラヴィンスキーの先ほどのシーンと全く同じ音でできている。そもそも、村の結婚式という同じ題材を扱い、声とピアノという似た編成で、音程構造だけではなくて音そのものも全く同じなのだから、これは単にバルトークがストラヴィンスキーに影響を受けた、というより、意識的な模倣としか思えない。ちなみにバルトークは、英語で行った晩年のレクチャー[注2]のなかで、ストラヴィンスキーの《結婚》を「村の結婚の情景《ヴィレッジ・ウェディング・シーンズ》」と呼んでおり、そうなるとバルトーク自身の《村の情景《ウェディング・シーンズ》》とストラヴィンスキーの曲とは、タイトルまでほとんど同じということになる。

バルトークは、自分より一歳年下で若くして西欧の同時代音楽のトップランナーとなったストラヴィンスキーを常に意識し、彼の作品を注意深くフォローしていた。そのストラヴィンスキーの近作が、自分がこだわってきた農村のフォークロアを舞台化したものであり、それが見事に造形されていることを知って思わずオマージュを書いたのか。あるいは、自分なら実際の民俗音楽の素材を用いてもっとオーセンティックな音楽を書ける、ということを示したかったのか（《村の情景》の旋律は実際にバルトークがスロヴァキア系の農村で取材した民謡から採られている）。筆者はどうも後者のような気がするのだが、いずれにせよそれを示す決定的根拠は見つかっていない。ただこの二人の作曲家が、ここでなんらかの火花（共鳴か競合かはわからないが）を散らしていることは確かだ。[注3]

＊　　＊　　＊

少し遠回りしたが、問題のクルレンツィスとムジカエテルナによるストラヴィンスキー《結婚》の演奏はどうか。ひとことで言うなら、これはストレートで、そして真摯な解釈だ。先月も記したとおり、このクルレンツィス盤にはポクロフスキー・アンサンブルによる《結婚》という格好の比較対象があって、あちらは打ち込みで処理されたピアノの奥行きのない響きと、村で修得した強い個性的な声との対比が強烈な演奏だった。

ポクロフスキーたちの試みは、村の儀礼を舞台に上げるに際して、そのオリジナルの民俗的文脈をリアルに浮き上がらせるという意味ではこのうえなく面白いものだった。このCDが出たのは一九九五年で、ソ連時代に空洞化してしまった農村の文化を、ストラヴィンスキーを足場として取り戻す、という歴史的意味もあったかもしれない。その分、ポクロフスキーたちは挑発的にならざるを得なかった。

今回のクルレンツィス盤は、声についてはポクロフスキー・アンサンブルのような民俗的発声も用いられているが、より澄んだ西欧的発声も拒んでいない。ピアノはもちろんこちらの方がニュアンスに富んでおり、空間が感じら

「結婚」初演時の写真

れ、さまざまなところでこんな音が埋もれていたのかと発見させられるところが多い。結果的には、宴会のシーン〈第四場〉などは、さまざまな思惑とバックグラウンドを持つ人々の声が交錯しあう場としての多様性が見事に表現されている。

そもそもクルレンツィスの演奏は、(これまでの演奏もいろいろ聴き直してみたのだが)とんでもない速度で疾走する激しさと、切なく尾を引く天上的レガートとの間の限りなく遠い距離が魅力だと思う。クルレンツィスとムジカエテルナは、ペルミという地方都市で、ほとんど新興教団のような実践を通じて、こういう演奏を可能にしてきたようだ。

前回書いたチャイコフスキーのヴァイオリン協奏曲で言えば、第三楽章の疾走ぶりと、第二楽章の絶望的な歌との対比がその「距離」を示している。あるいは、二〇一四年に出た《コジ・ファン・トゥッテ》で言えば、第一幕における〈軍隊暮らしは最高だ!〉の合唱に挟まれた〈毎日手紙を書くって〉の五重唱あたりがそのハイライトだろうか。〈軍隊〉では、弦楽器の弓が何本も折れている音がしてるんじゃないかと思われるくらいに威嚇的で暴力的な響きがするのに対して、別れを惜しむ恋人たちの「五重唱」はこの世の出来事を描くにはもったいないくらいに天上的な響きがする。

そういう表現の「ダイナミック・レンジ」の幅広さが、このストラヴィンスキーの《結婚》という奇怪な作品の演奏には不可欠なのだ。クルレンツィスとムジカエテルナの、カラフルでストレートな演奏は、そんなことを教えてくれる。

注1　このあたりについては拙著『中東欧音楽の回路』（岩波書店、二〇〇九年）第二章で、もう少し詳しい検討を行っている。

注2　「ハーヴァード大学での講義」（バルトーク『バルトーク音楽論選』伊東・太田訳、筑摩書房、二〇一八年、第二一三ページ）

注3　このバルトーク《村の情景》の中の「婚礼」とストラヴィンスキー《結婚》との比較については、Nobuhiro Ito, "Bartók's Slovak Folksong Arrangements and Their Relationship to Stravinsky's *Les noces*", *Studia Musicologica* 53/1–3, 2012, pp.311-322. で扱っている。

Paris dances Diagilev
(ディアギレフの夕べ／パリ・オペラ座バレエ)
〈収録 :1990 年 1 月〉
ミシェル・ダバシュニク指揮パリ・オペラ座 o
ストラヴィンスキー「結婚」の他、同「ペトルーシュカ」、ドビュッシーの「牧神の午後」、ウェーバーの「薔薇の精」を収録。ジャケット写真は VHS 版。ここでは、『結婚』初演時の舞台が再現されている（振付はニジンスキーの妹、ブロニスラワ・ニジンスカ、衣装と舞台装置はナタリア・ゴンチャローヴァ）。貴重な画像だが、演奏も舞台も、本来はもう少しオドロオドロしいものだったのではないか、という気もする。

Chapter 3

ケルンでのもう一つの騒乱

2016年3月号

ケルン中央駅に降りるとすぐ有名な大聖堂が目の前に見えてくる。二〇一六年一月七日、街に着いたときに、駅と大聖堂とに挟まれた広場で何かの集会が行われていた。ドイツ語ではない言葉で演説が行われているので、たぶん移民問題関係だろうとは思ったが、なんとなく剣呑な雰囲気だったので近寄らずにホテルに直行した。翌日の新聞記事などから、大晦日に駅前で大規模な性的嫌がらせや暴行事件があったらしい、ということを知って、あの集会もおそらくそれに関連するものだったのだろう、ということがわかってくる。街を歩くと、あちこちに警官がいて、デモ隊と衝突したりしているようで、やはり少し緊張が漂っている。街の人たちは、皆ひそひそと額を寄せあって何か噂しているような雰囲気ではあるが、それ以外、特に支障はない。その後、この事件が難民によって組織的に行われたものだ、というような噂も伝わってきた。今でもよくわからないことは多いが、ともかく拘束された人物たちのうちの多くが中東からの難民（ないし移民申請をしている人たち）だった。数日経つと、そういった難民受け入れに抗議するデモなどもあったが、一般には移民、難民を表立って排除するようなことを言う人は少なく、皆がピリピリしたまま膠着している、という印象を持った。

＊　＊　＊

そんなことがこれからお伝えしようとしている演奏会とどう関係するのか、といぶかしく思われる方も多いとは思うが、筆者にはこの街の空気と演奏会で起こったこととはとても無関係には思えなかった。実は、今回も相変わらずテオドール・クルレンツィスとムジカエテルナ、パトリツィア・コパチンスカヤの話なのだ（とりあえず一連の話は今回でおしまいのつもりだが）。演奏会の会場は、大聖堂の真横にあるフィルハーモニーホール（一月九日）。今回のツアーでは、ベートーヴェンのヴァイオリン協奏曲が取りあげられ、それとモーツァルトや《運命》などの組み合わせで、ドイツ、オランダ、オーストリアの諸都市を回った。ケルンでの反応を見ていると、おそらくしばらくの間、ヨーロッパの音楽界は彼らの話題でもちきりになるだろうと思われる。ロシア・バレエ団の『春の祭典』初演時の騒動については、二〇世紀音楽の本には必ず出てきて、そういうものを実際に体験したいなあ、と思ってきたのだが、今回の演奏会の、ほとんど「騒乱」に近い反応（今回の場合はほとんどが賞讃だったが）はそれに近いものだったのではないか、という気がした。反応の熱さのレベルからすると、この演奏会はそれくらいのものを持っていた。

彼らの新しい録音については、過去二回にわたって書いてきたが、演奏会の方も全く型破りだった。弦楽器には椅子がない。チェロだけはさすがに座って弾くのだが、それ以外は立ったまま。クルレンツィスはつかつかと出てくると拍手もなりやまないうちに曲を始めてしまう。一応指揮台というものが置いてあるのだが、彼はそこに乗らず、その前（つまりオーケストラの内側）に立って暴れる。指揮姿は全然格好よくない。上半身の筋肉はとても発達していて、腕を振り下ろすスピードは大変なものだが、むしろ下半身がいつも舞踊のステップを踏むように動いていて安定して立っていることがなく、時にくるりと回ったりすらする。あるいはオケのなかに三、四歩も進み出て弦楽器を煽る。ヴァイオリンの方も負けじと前に出て弾くので、指揮者とコンサートマスターが額を突き合わせそうになる。そういう指揮ぶりがあまりにも面白くて、一曲目、モーツァルトの交響曲第二五番が始まった時には会場がしばらくざわめいた。あちこちでひそひそ言葉を交わしあう声がして、（言葉は悪いが）「失笑」に近い反応が広がる。クラシックの演奏会では滅多にないことだが、ともかくこのあまりにも行儀の悪い、はじめて見る指揮者はいったい何を始めたんだ？というような懐疑的な空気がはじめのうちは支配的だった。が、それが奇をてらったものではなくて、確信犯であって、しかもとても音楽的な確信犯だということが、だんだん聴衆にも伝わって、モーツァルトが終わった頃には（テンポが速いのであっというまに終わる）半信半疑という感じになってくる。それが完全に共感に変わるのは二曲目、コパチンスカヤが現れてからだ。

コパチンスカヤ独奏によるベートーヴェンの協奏曲については、フィリップ・ヘレヴェッヘとの録音（二〇〇九年）が、大きな反響を呼んだので、ご存知の方も多いと思う。彼女自身の演奏は、あの録音からある程度予測できるものだが、ただ今回は相手が違う。ヘレヴェッヘという指揮者はとても慎み深い人で、コパチンスカヤに寄り添い、敏感に反応して、新鮮だが慈愛に満ちた管弦楽を作り出していた。だが今回はクルレンツィスが相手だ。そのやりとりには、息つく暇もない。そもそも協奏曲の最初、独奏が出てくるまでの部分で、すでに十分過ぎるほど濃い音楽にお腹いっぱいになる。コパチンスカヤは、そういう楽団を時にやり過ごし、突然襲いかかるようにして完全に主導権を握ってしまう。想像もつかないようなアイディアはそこここに出てくるのだが、とりわけ驚いたのは、再現部の直前でヴァイオリンが三連符を奏している間、弦楽器が弱音で持続音を弾いている場面。この背景の和音が完全に気配を消している、と思って油断していると、クルレンツィスの指がなんだか妖怪のように奇妙な具合に曲がり、そ

コパチンスカヤとクルレンツィス／ムジカエテルナ。
2014年ペルミでのチャイコフスキーのヴァイオリン協奏曲の演奏会にて

して弦楽器が変調して妙な倍音を立て始めて不穏な空気が漂う。どうやったら、こんな奇怪な（でも核心を突いた）アイディアが生まれるのだろう。カデンツァは、ベートーヴェン自身が書いたピアノ協奏曲版のそれ（ピアノにティンパニが絡む）をコパチンスカヤがヴァイオリン用にアレンジしたもので、基本はCDに収録されていたものだ。ただ今回は、さらにもう一ひねりしてあり、ヴァイオリン独奏に最初はチェロの合奏が絡み、続いてティンパニが出てきて、最後はコンサートマスターのヴァイオリンとコパチンスカヤの二重奏になる。

第二楽章では、独奏があり得ないほど小さい音で弾くので、管弦楽は大きな音を出しようがないのだが、それにしても聴いたこともないような弱音。コパチンスカヤ自身はそれを「弓の毛一本で弾くような音」と形容していたが、まさにそういうことが全員一致で平気でできてしまうとんでもないオーケストラだ。

ちなみにオーケストラのメンバーは、弦楽器はおもにモスクワ出身のロシアでもトップクラスの奏者たち（チャイコフスキーコンクールの最高位を得た奏者がヴァイオリンを弾いていたりするらしい）、管楽器はヨーロッパじゅうからピリオド楽器の若い名手たちが集まっているようだ。そんなメンバーをペルミに集めて、一〇日間も徹底的にリハーサルをしたらしいが、このクルレンツィスの剛腕ぶりには恐れ入る。そして第三楽章で、音楽は完全に「舞踏の聖化」となる。思いもかけないところに見出されてゆく舞踏のリズムのゆえに、これが交響曲第七番そっくりに聞こえてくる。

そもそもこの楽団は、クルレンツィスの迫力があり過ぎて、完全に彼の掌握下にあるのだが、それが場合によっては硬直につながりかねない危うさを感じさせるときがある。コパチンスカヤは、ただ一人クルレンツィスと対等に主張して、お互いの間に対話が生まれ、音楽に幸せな感触が生まれる。第三楽章のコーダまでくると、もう幸福なのか郷愁なのか、よくわからない感情が襲ってきてたまらなくなる。会場はもちろん総立ち。口笛やブラボーの声が飛び交い、これほど盛り上がった演奏会は見たことがない。

そしてベートーヴェンの交響曲第五番《運命》。「闇から光へ」といったロマン派的な物語性はあまり見えて来ない。第一楽章からずっと前へ前へと駆り立てる力が支配的で、重々しい素振りとは無縁だ。とりわけ彼らの演奏の特徴がはっきりするのは第二楽章で、最初のチェロの旋律は、やはり弾むように、くっきりとした分節があり、旋律の終わりのアクセントも普通なら時間をかけて重みを持たせるところだが、時間はかけずにあくまで明るい開放弦の音が投げ出される。舞踊で言えば、ぐっと沈み込むのではなくて、降りて来ないのではないかと思わせるような軽々としたジャンプ。同じアクセントをヴァイオリンが弾くとき、クルレンツィスは楽器を一気に観客に向けて投げ出すような身振りをしてみせた。そうして終わってみれば、協奏曲にも増して大きな拍手とブラボーと口笛。アンコールは一切ナシで、ちょっとした暴動といっても良いような状態になった。

＊　＊　＊

でも考えてみれば、ケルンといえばベートーヴェンの故郷であるボンのすぐ隣、電車で行けば十分ほどの町だ。そういうベートーヴェン的伝統の（つまりヨーロッパ音楽の）まさに心臓部で、ギリシャ生まれで、シベリアや中央アジアで活動してきた若い指揮者が傍若無人の演奏を繰り広げる。ソリストもモルドヴァ生まれだから、両者とも「ヨーロッパ」の周縁というより、むしろヨーロッパかどうか怪しいようなところから現れた才能なのだ。だから、そんなものを異端と感じる人ももちろんいる。事実、筆者の隣で聴いていたご婦人は、《運命》はフルトヴェングラーに限るわ、と言い残して、協奏曲の後の休憩時に帰ってしまった。演奏が始まったときの「失笑」に近いざわめきも、そういう空気の一端だろう。けれど彼らは、結局のところ、ベートーヴェンの心臓に侵攻し、完全にそれを掌握してしまった。「ヨーロッパ」が、外からの侵入にさらされている、それもこれまでのような周縁的な事象にとどまらず、ヨーロッパの核心がその侵入を受けている、という点ではホールの外の出来事と、この演奏会とは全く同時代の現象だ。ただ、音楽においては幸いなことにクルレンツィスとコパチンスカヤは何の間違いも犯していない。現代の音楽界が形骸化して忘れてしまった音楽の本来の使命を、彼らは率直に、あまりにも真摯にやってのけただけだ。そして聴衆は彼らを歓迎した。演奏史は、後戻りできない一歩をここに踏み出しているように思う。

Chapter 4

ズルナの表象

2016年4月号

先月、ケルンでの演奏会での話について書いたのだが、その演奏会の前日、街を歩いていて撮った写真（左下）の話から。ちょっとわかりにくいけれど、これはケルンの大聖堂の前の広場で、ズルナとおぼしきダブルリード楽器と打楽器で大道芸を行っている二人組みである。ズルナというのは異教的な楽器で、たとえばブルガリアではロマしか吹いてはいけないことになっているくらい（つまりブルガリア人は吹かない）

2016年1月、ケルンの大聖堂前にて

だから、彼らもおそらくドイツ出身ではないだろう。普通、こういう芸人さんたちはコインを何枚か投げ込めば、喜んでポーズをとってくれるものなのだが、彼らはカメラを向けるとなんだか機嫌悪そうだった。これも大晦日の事件（この広場で新年のお祝いをしていた女性たちが集団で襲われ、移民難民の関与が取りざたされている）の余波なのかもしれない。ともかく、大聖堂（キリスト教）とズルナ（異教）の組み合わせは、前回の話題と同じ構図である。

＊　＊　＊

実は、ほかならぬズルナ（とその仲間のダブルリード楽器たち）の音楽に、ここ数年、心奪われている。地域的には、ギリシャとブルガリアにまたがるあたり。ズルナが三、四本と太鼓という編成の民俗バンドが今も現役で活動している。地元で結婚式のような催しがあると、雇われて、パレードを先導し、披露宴を司る。ブルガリア山中の村の乾いた風景のなかに、太鼓が轟き、つんざくようにズルナが響くと、なぜかいつも身体の奥から嬉しくてしかたなくなってくる。先ほども書いたように、この種のズルナの主な担い手はロマで、そのせいもあって、地元のオーセンティックな民俗音楽とは考えられていない。が、地元では根強い人気がある。この種のバルカンのズルナについては、*Bright Balkan Morning* という素敵な本があって、アメリ

ズルナと打楽器によるアンサンブル。現役の芸能ながら、オーセンティックな民俗芸能とは考えられていない（筆者撮影、2013年4月）

カの民族音楽学の世界ではよく知られたチャールズ・カイルが奥さんのアンジェリキと一緒にギリシャ側のズルナ奏者たちのルポルタージュをまとめている。注1

五年ほど前に、カンボジアで「ユーラシアのダブルリード楽器：歴史・文脈・表象」という国際シンポジウムがあって、国立民族学博物館の寺田吉孝さんに誘われて参加したことがある。私自身は右記のブルガリアのズルナ・アンサンブルの話をしてきたのだが、会議ではダブルリードどころか舌が六枚も重なっている不思議な楽器を見せてもらったり、あるいはカンボジアの民族アンサンブルによる演奏会を聴いたりして、その拡がりに興味をもった。

一番興味深かったのは、この種の楽器が、それぞれの地域でかなり長い歴史を持っているにもかかわらず、依然として「外来の」ものとして、つまり異国の文化として捉えられているという点である。これは日本におけるチャルメラのイメージのことを考えてみるとわかりやすい。日本でも「チャルメラ」は、今も日本固有の民俗楽器にはもちろん数えられず、どこか異国のもの、と感覚されている。「チャルメラ」の語は、ポルトガル語でやはりダブルリード楽器の一種を表す「チャラメラ」などの言葉と関係しているらしいので、そうなると某ラーメンに代表されるチャルメラとラーメンとの取り合わせは、ポルトガルと中国の組み合わせとなって、あまり整合性がないのだが、つまりは「外来のもの」という点で連想があり、外来の食べ物と外来の音が結びついた、というところなのだろう。

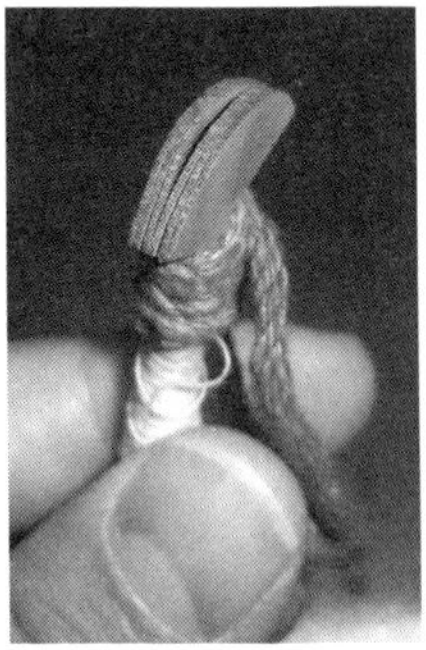
ダブルリードならぬ6枚リード

ここからは筆者の勝手な想像だが、やはりこの楽器のつんざくような音色の鋭さが、この楽器を日本なりブルガリアなりの民俗文化のなかに完全に同化させてしまうのを妨げたのではないか、という気がする。もともとトルコでは、ズルナは「音響兵器」だった。有名なトルコ軍楽隊、メフテルハーネは太鼓とズルナの音響的威嚇によって、味方を鼓舞し、敵の戦意を挫くものだったらしい。何年か前のサッカー・ワールドカップで有名になったブブゼラのようなものか（ブブゼラはダブルリード楽器ではないけれど）。そんなものが、そう簡単に別の文化のなかで飼い馴らされるはずがないのだ。
モーツァルトのトルコ行進曲も、ベートーヴェンの第九の一節も、かつて侵攻してきてウィーンを包囲したトルコ軍の脅威の記憶をかすかにとどめている。ウィーンが実際にトルコ軍に包囲されて辛うじてそれを撃退したのは、モーツァルトの時代からすると一世紀ほど前のことだから、現代の我々にとって日清戦争の頃の、異国の軍楽隊の響きの意味するところと比べられるだろうか。つまり、その程度の昔のことであり、逆に言うとその程度には「夷狄《いてき》」の表象としての意味を帯びていた、ということだ。

もう一点面白いなと思うのは、ダブルリード楽器が多くの国で「闘争」ないし「身体的脅威」とそれを経ることによる儀礼のようなものと結びついている、という点である。たとえば、セルビアでは野外で行われるレスリングのような競技があり、この相撲にも似た行事を彩るのは、ダブルリード楽器と打楽器の組み合わせである。タイのムエタイ（キックボクシング）の入場などの際に演奏されるのも面白いことにやはりダブルリード楽器だ。韓国では太平

モーツァルトの「トルコ行進曲」には、実は元になったトルコの旋律があり、ズルナによるその演奏が *Alla Turca: L'Orient Imaginaire* という CD で聴ける……というのは冗談で、これはモーツァルトの音楽をトルコ風に演奏してみただけである。なんとなくこういう音楽ならありそうではあるが。モーツァルトの「トルコ風」は、要するにこの○◦○◦○○○◦というリズムのことだ。

簫（テピョンソ）が儀礼において重要な働きをする。やはり、先にも書いたような音色の鋭さ、音の大きさ（ダブルリードは、電気楽器が登場する以前、おそらく単体では最も大きな音の出る楽器だった）が、このような闘争的なもの、あるいは通過儀礼的なものとの親和性を生むのだろうか。

だが、これが日本に入ってきた途端に、篳篥《ひちりき》のような典雅な音楽を奏で出す。我々の耳は、ダブルリードの音色に異国性は聴いてきたが、闘争的側面を捉え損なったようだ。先に挙げたカイルは、次のように書いている。

このようなダブルリード楽器の帯の東の端は、日本に至って消えることになる。日本では、長い方のダブルリード楽器は、ヌードルの行商人の合図として使われる。短い方の「ヒチリキ」は、最古の宮廷音楽「雅楽」に特徴的な楽器である。ここでは、どちらの楽器も、魂を奪うような踊りや農民の通過儀礼を伴奏するような役割は果たさない。ヒチリキは、聖なる倍音を天へ届けるものと考えられている。

＊　＊　＊

その後、あるとき突然気付いたのは、スペインの作曲家、マヌエル・デ・ファリャの人形劇のための音楽《ペドロ親方の人形芝居》の冒頭部分が、実は最初に述べたズルナのアンサンブルの音楽を完全に模倣している、ということだ。筆者は、この曲のなかのシャルルマーニュ入城の音楽がこの世で一番好きな旋律の一つで、何回となく聴いているはずなのだが、ズルナで頭が一杯になっている時に聴くと、この曲の冒頭はブルガリアで聴いたズルナ・アンサンブルの音そのものに聞こえる。ちょっと具体的に比較してみよう。

ブルガリアのズルナ・アンサンブルというのは、だいたい旋律を吹くリーダー（「マエストロ」と呼ばれる）に、ずっと持続音を吹き続ける伴奏役のズルナ奏者二人程度（彼らは「グラシュニク」と呼ばれる）、そして両面を叩く大太鼓（「タパン」）、という編成である。ファリャの音楽の方は、弦楽器によるハーモニクスによる音響的背景を別とすると、小太鼓とティンパニによるリズムのうえに、オーボエ二本とイングリッシュホルンが乗り、しかもこの三本の管楽器のうち一本は持続音である。また、ミュートをかけた小太鼓とティンパニは、タパン奏者の右手と左手のリズムを分担しているように聞こえる。つまり三本のダブルリード楽器と打楽器が、その役割分担ごと模写されているのである。

《ペドロ親方の人形芝居》の物語は、『ドン・キホーテ』後編の一節をほぼそのままテクストとして使用しており、物語の舞台はスペインである。だからその限りでは、ここにズルナ・アンサンブルが現れる理由はない。が、タイトルにもある「ペドロ親方」一座が演じる人形劇に夢中になったドン・キホーテが、例によってフィクションと現実との区別がつかなくなって、思わず人形劇の主人公たちの助太刀に立ち、人形芝居をメチャクチャにしてしまう、というのがこの話の筋書きだ。その劇中劇ともいえる人形劇は、さる令嬢がトルコのスルタンに攫われて幽閉される、という「高貴な野蛮人」を描く「トルコもの」の系譜（最もよく知られた「トルコもの」のオペラは、モーツァルトの《後宮よりの逃走》だろうが、このタイプのオペラ、物語は無数に作られてきた）に属する、ということになると、ここにズルナとのつながりが生まれてくる。ファリャは、ここで「華麗だが退嬰的な」フランス宮廷の響きと「高貴にして野蛮な」トルコの音とを、極めて洗練されたやり方で対比させており、冒頭のズルナ・アンサンブルはもちろんその「高貴な野蛮人」たるトルコを表象するのだろう。ファリャが、これほど正確なズルナ・アンサンブルの模倣を書き得たとすると、どこでこのような音楽を知ったのか？ファリャがバルカン半島で聴いたのか。それともスペインの田舎にも似たような音楽があって、トルコ的記憶を伝えていたのか。そのあたりは謎である。

注1　C. Keil et al. *Bright Balkan Morning*, Wesleyan University Press, 2002

Chapter 5

ソペラと《管弦楽のための協奏曲》

2016年5月号

一年ほど前にクロアチアに行ってきた。一番の目的は「ソペラ」と呼ばれるこの地域特有のダブルリード楽器を調査すること。調査といっても、要するに詳しい人に話を聞いて、楽器を見せてもらって、演奏してもらい、資料を集める、というようなことをするだけである。

首都ザグレブで車を借りて、スプリトあたりまで往復した。途中、車ごとフェリーに乗って島にわたって、行ったり来たりもしたので、走行距離は一〇〇〇キロほどになった。アドリア海沿岸の、いわゆるダルマチア地方は、要するにヴェネチア文化圏で、オーストリアを思わせるスロヴェニアとも、スラヴっぽいセルビアとも、ずいぶん違う。空と海はあくまでも青く、家々は白く、食べ物は美味しい。ドイツなどから夏になると人々が大挙して訪れる理由がよくわかる。

＊　＊　＊

肝心の「ソペラ」（あるいは「ソピラ」）については、筆者の研究室で博士号を取ったリュブリアナ大学のクララ・フルヴァティンさんの案内でクルク島というところに、イヴァン・パヴァチッチさんという人に話を聞きに行く。彼は、クルク島でソペラをずっと演奏してきて、しかも研究者でもあり、立派な本も出版している。ソペラというのは、先にも述べたようにダブルリード楽器だが、必ず二本一対で奏されるのが特徴で、オーボエ程度の「細い」ソペラとコールアングレ程度の「太い」ソペラがある。一五〜一六世紀にはすでに記録に現れ、以来この地域で奏されてきた、という（下の写真と図）。

「ソペラ」に関心を持ったのは、前号で書いた

ソペラに先導された結婚式（パヴァチッチさんの著書より）

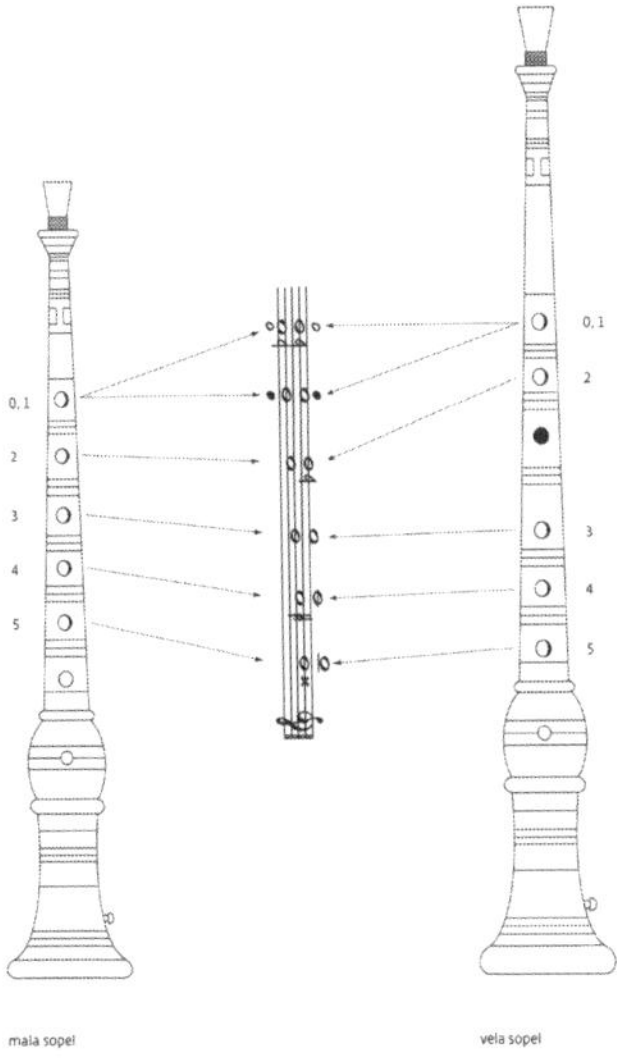

「太い」ソペラと「細い」ソペラの音構造。両者の音程間隔は６度ないし７度、そして特に「太い」ソペラの音階は、シ - ド - レ - ミ♭ - ファ - ソ♭と半音 - 全音 - 半音 - 全音 - 半音となっていて、２月号の本欄でも触れた「オクタトニック」になっているあたり、バルトークの音楽と親近性がある

ダブルリード楽器への興味の延長という面もあるが、実はバルトークの音楽と関連しているという話を読んでいたからでもあった。バルトークの《管弦楽のための協奏曲》第二楽章は「対による提示」と題され、さまざまな楽器が二本対で現れる。ドラムによる序のあと、ファゴット二本が六度間隔で現れ、以下オーボエ二本（三度間隔）、クラリネット二本（短七度間隔）、フルート二本（完全五度間隔）、トランペット二本（長二度間隔）と続く。この二本対になるさまざまな旋律の提示が、ダルマチアのソペラにヒントを得たのではないか、ということを、B・スーチョフなどの研究者たちが示唆してきた[注1]。

実際、バルトークは晩年にまとめた南スラヴの民俗音楽に関する研究書[注2]のなかで、このダルマチアの二声の音楽に触れている。そこでは二声は、縦の関係ではほぼ七度の音程で動き、しかもそれぞれの横の動きは半音階的である。必ず二本対で演奏され、しかも七度という（西洋音楽に慣れた耳からすると）不協和としか思えない間隔で重なって奏される、というこの音楽のあり方は、旋律自体が似ているというわけではないにせよ、バルトークの「対による提示」を思わせる。

旋律自体ということで言えば、ちょっとドキッとしたのは、このソペラとも関係の深いソペリカという笛をパヴァチッチさんが吹いてくれたときのことだ。ソペリカとは、二本の縦笛を並べて両手の指を使って一人で吹けるようにしたもので、これがあればソペラの音楽を手軽に一人でも楽しめる。パヴァチッチさんがこれを吹くと、やっぱり二本の旋律が、不思議な音程間隔で重なっていて、ソペラの音楽のミニチュア版とでもいうものが聞こえてくるのだが、その旋律の終わりに時々妙な付け足しが現れる。これは「レピツ」というものだそうで、「レプ」が「尻尾」を表すので、「小尻尾」とでも訳せる言葉だ。旋律がたとえば、ドで終わるとすると、ドに辿り着いた後、その吹き終わりに半音階でド・ド#・レ・レ#・ミと跳ね上がる、というようなもの（譜例1）なのだが、これを二本の笛でやるとバルトークの《管弦楽のための協奏曲》にそっくりな一節があることを思い出す。それは第一楽章の序で、フルート二本がくぐもった音で半音階を奏するところだ。バルトークは、先に述べた南スラヴの民俗音楽に関する研究書のなかで、ソペラの譜例は「ゲオルク・ヘルツォーク教授が所有するダルマチア音楽のレ

譜例 1

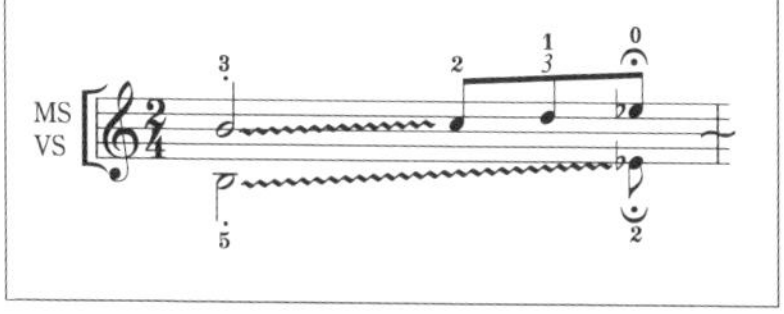

ソペリカを吹くパヴァチッチさん（筆者撮影、2015年5月）

コードを聴いて採譜した」と書いているので、実際にダルマチアでこの種の音楽を聴いた経験はなさそうなのだが、ひょっとするとそのヘルツォークの持っていた録音のなかに「ソペリカ」の録音もあるのではないか、そしてそこでレピッツも使われているのではないか、という気がしている。今度、そのヘルツォーク所有のレコードというのを調べてみなくては、と思っているところである。

ちなみに、このヘルツォーク教授というのは、ブダペスト出身のユダヤ系で、バルトークがアメリカにわたった当時、コロンビア大学で働いていた音楽人類学者である。バルトークのアメリカでの人脈というのは、シゲティのようなブダペスト出身でアメリカに渡ったユダヤ人のコネクションに多くを負っていたのだが、ヘルツォークもその中の一人だった。

＊　＊　＊

《管弦楽のための協奏曲》の序、ソペリカっぽいフルートの音楽の直前（つまり曲の冒頭）で鳴っているのは、低弦楽器のユニゾンの旋律だ（譜例2）。

この完全四度の音程で伸び上がり、また元の音に戻る、という動機についても、昔からいろんなことが言われているが、一番面白いのはY・ルノワールの説だ。彼は、これと同じ輪郭を持つハンガリー民謡（譜例3）を見つけ出し、その民謡の歌詞が「ここに私の母が眠り、私は孤児になってしまった」という内容だ、という興味深い指摘をしている。[注3] たしかに、譜例3の民謡の最初の一節は、ソ‐ド‐ファと完全四度で伸び上がり、またソに戻る。バルトークは、一九三九年に母を亡くし、それも一つの理由となってアメリカ移住を決意した、とされており、この《管弦楽のための協奏曲》は、そうしてやってきたアメリカでようやく書き上げることのできた、最初の大規模な作品だった。

また、この曲は、クーセヴィツキーからの委嘱を受けてまとめられたのだが、その際クーセヴィツキーは、亡くなった彼の伴侶への「レクイエム」的性格を持つ作品を書いてほしい、とバルトークに依頼した。つまりこの曲にはバルトーク自身の母にしろ、委嘱者の妻にせよ、亡くなった女性が大きな影を落としている、ということであり、そういう曲の冒頭に亡き母を主題とした民謡の旋律（の輪郭）が置かれている、というのは多少なりとも意味があることのように思える（譜例3）。

譜例2

譜例3

ただし譜例3の旋律は、バルトーク唯一のオペラ《青ひげ公の城》の冒頭と最後に現れる旋律にも似ている。まず何よりテクスチュアがそっくりだし、現れる音もほぼ同じである（譜例4）。

これをどう捉えれば良いだろう。つまり《管弦楽のための協奏曲》の序に現れる低弦の旋律は、「母を失って孤児になってしまった」と歌う民謡の旋律の輪郭に由来するのか、あるいは作曲者がかつて書いた唯一のオペラの冒頭で鳴っていた「城」を表象する旋律に由来するのか……。おそらくあんまり厳密に考える必要はないのではないか、と筆者は考える。《青ひげ公》の場合、この城は孤独な青ひげの自我の砦を表し、結局のところオペラの終わりでも彼はこの自我の砦に幽閉されてしまう（だから譜例4の旋律は、オペラの開始にも終結にも用いられる）。《管弦楽のための協奏曲》を書いたとき、バルトークはあれほど強い絆を感じていた母を亡くし、ナチ化してしまったハンガリーにとどまる理由がなくなり、アメリカにやってきて長く作曲もできないでいた。幸い《管弦楽のための協奏曲》の場合は、この暗いトーンは曲が進むにつれ、次第に緩み、フィナーレではにぎやかなダンスへと解放されてゆく。バルトーク自身、この曲に寄せた文章で「この作品の基本的ムードは（ふざけた調子の第二楽章を別にすれば）第一楽章

譜例 4

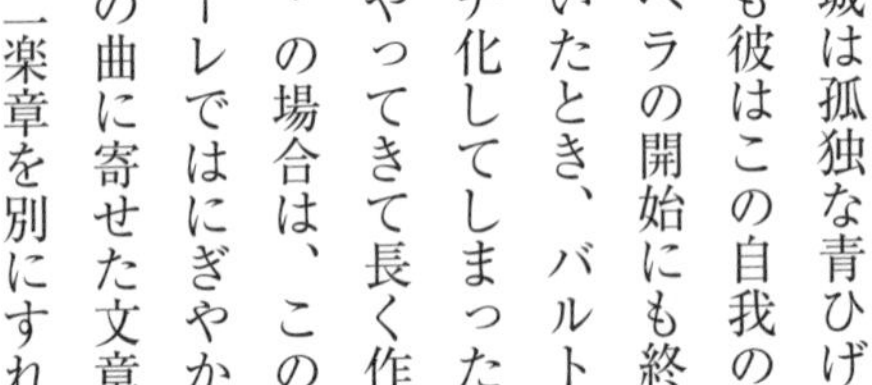

の凝固、第三楽章の陰鬱な死の歌から、最終楽章での生の肯定にいたる漸進的移行を示している」と書いているのだ。

ともかく曲の冒頭を支配しているのは繋がりを失い孤絶している、という暗いトーンだった。「母を亡くしたこと」「故郷を遠く離れていること」「孤独」といったトピックや感情の領域から、おそらくこの音楽は立ち上がってくる。それが「母を失って孤児になった」と歌う民謡に似ていたとしても、そして青ひげ公の主題と似ていたとしても、それらはほとんど同じことなのだろう、と思われる。

ではそこにソペラの（あるいはソペリカの）音が挟まれるのは何故か？ これについては、もうよくわからない。そもそもこの曲の全ての細部を、上のように標題音楽的に（あるいはイコノロジカルに）読み解くやり方にそれほど正当性があるとも思えない。この曲は、上のような標題的プログラムをいくぶんかは反映しながら、けれどももっと一般的な形式感覚もまじえつつ、かなり折衷的に仕上げられていった、と考えられる。

＊　＊　＊

クルク島でソペラの話を聞いた帰り道、山のなかの細い道を走っていると道端に小さな道標があって、「食堂《コノバ》」と書いた矢印が描いてある。こんな山のなかにどんな食堂があるのだろう、と興味をそそられて、その車一台がやっと通れるような山道をしばらく行くと、野外に鉄板が設えてあって、たしかに食堂のように見えなくもない家がある。車を降りてその家からたまま出てきた人に何か食べられるのか、と聞いてみると、食べられるけれど営業はあと二時間くらいしないと始まらない、ということなので、二時間ほどぶらぶらしてそこに戻る。

要するにバーベキューというか鉄板焼きというか、そういうものを食べさせてくれるわけだが、鉄板の上に肉（筆者が頼んだのは鶏）を置き、枝や葉っぱでそれを覆って蒸し焼きにする。味付けは塩とハーブ。塩はもちろんアドリア海産。ハーブは庭先に生えているものをちぎってきて適当に（としか見えなかったが）ばらまく、という野趣溢れたもの。だが、これは火の通り加減といい、香ばしさといい、塩加減といい、絶品だった。

食べていると、調理場（といっても、要するにその鉄板の前なのだが）に、突然羊が丸ごと運ばれてくる。食べている

横で、鉄の棒が身体に通されて丸焼きにされ始める。かたちのままなので残酷であることは間違いない。筆者は普段スーパーで売っている肉ぐらいしか見ないのでそれで食欲がなくなったかというと、そうでもなくて最初はぎょっとしたが、こんがり焼けてくると申し訳ないけれどだんだん美味しそうという気もしてくる。自分が食べている鶏も、鳴いたり、走ったりしてたんだろうなあ、と当たり前のことを思う。そして、申し訳ないけれど美味しい。ありがたくいただくしかない。

注1　たとえば *Béla Bartók: A Celebration* と題された記念レコード（一九八一年に The Classics Recored Library から出版された）に寄せられたB・スーチョフによる解説にそのような言及がなされている。

注2　Béla Bartók, *Serbo-Croatian Folk Songs*, Columbia University Press（New York）, 1951, P. 66.

注3　Lenoir, Yves, *Folklore et transcendance dans l'oeuvre américaine de Béla Bartók（1940-1945）: Contributions à l'étude de l'activité scentifique et créatrice du compositeur*, Louvain-la-Nauve : Institut Supérieur d'Archéologie, et d'Histoire de l'Art, 1986. p.362.（この民謡自体は、ベーラ・バルトーク著『ハンガリー民謡』間宮芳生、伊東信宏訳、全音楽譜出版、一九九五年に第八六番の譜例として掲載されている）。

Chapter 6

京都のアーノンクール

2016年6月号

さまざまなアーノンクールの追悼記事を読んでいて、思い出したことがあったので、ここに書きとめておこうと思う。筆者は、彼と個人的な付き合いがあったわけではないのだが、京都賞関連で彼が来日し、講演やワークショップを行った時のことは、全国的にはあまり知られていないように思うので、そのあたりのことを思い出してみる。

＊　＊　＊

まずは説明しておくと、「京都賞」は稲盛和夫氏によって設立された稲盛財団が主宰する賞で、一九八五年創設。毎年、先端技術、基礎科学、思想・芸術の三部門が対象となるが、このうち思想・芸術部門はさらに「音楽」「美術」「映画・演劇」「哲学・思想」の四分野で回り持ちとなる。つまり「音楽」の受賞者は四年に一回選ばれるわけで、アーノンクールが受賞するまで、メシアン、ケージ、ルトスワフスキ、クセナキス、リゲティが選出されてきた。すべて作曲家だったのは結果の問題で、そのような原則があったわけではなく、二〇〇五年度になってはじめて演奏家の受賞となった。

受賞者は、毎年一一月に開催される授賞式とその関連事業に参加することが要求される。授賞式の翌日（一一月一一日）に記念講演会があり、それぞれの分野の受賞者が一時間程度自分のこれまでの生涯を語る。この時のアーノンクールの話はいろんな点で感動的だった。自分がウィーンの音大生だった頃、それまで誰も見向きもしなかったガラクタのような楽器を使えるようにし、またほとんど利用されたことのないような古い時代の楽譜を掘り起こし、昔の音楽を昔の楽器で演奏してみるといったことを仲間とやり始める。それは自分の目の前に新しい世界が拓けてゆくようでとても楽しかった、という。

また、スカラ座にデビューしたときのこと。アーノンクールとその仲間が作ったウィーン・コンツェントゥス・ムジクスによるモンテヴェルディの録音が評価され、スカラ座に指揮者としてよばれた。だが、このときアーノンクールは指揮台に立って棒を振る、という経験がなかった、という。つまり、レコードのジャケットには確かに directed by N.Harnoncourt と書いてあったし、スカラ座の関係者はこの記述を見て、彼に白羽の矢を立てたのだが、しかし実際にはアーノンクールはチェロを弾きながらみんなのリードをしていただけで、いわゆる指揮棒を振っていたわけではなかったらしい。しかし結果的にこのときのスカラの公演はご存知の通り、伝説的な出来となった。それは戦後におけるモンテヴェルディ解釈の転回点となった、といってよい。これは、アーノンクールがチャンスをモノにした話、という解釈もできようが、筆者はむしろヨーロッパの劇場システムの美談として聴いた。要するに指揮者というのは、音大の指揮科を出ているとか、ソルフェージュができるとか、難しい拍子を間違えずに振れるとか、そういう理由で成るものではない、ということだと思う。本当に良い指揮者というのは強烈な音楽的ヴィジョンを示すことができ、それを前に立っているだけで放射できるような人のことなのだ。これは別にオカルト的な現象などではなくて、実際に起こり得ることだ。筆者が目撃した範囲でも、ぐっと身を乗り出すだけで、あるいは奏者を見やるだけで、その方向から出てくる音が変わる、なんていうことは珍しくない。アーノンクールの場合、彼が求めていた音楽は極めて明確であり、指揮の経験などなくても、それを示すことができたし、それに導かれて素晴らしい公演ができた、ということなのだろう。そして彼は、演奏家として、多くの指揮者を間近で見てきており、それは何よりの糧にもなった。ともかく、そういう若い才能にポンと公演を任せてしまった劇場は偉いと思うし、そういう意味ではこのときのヨーロッパの劇場システムはうまく機能していた、ということだとも思う。

この講演の原稿は、京都賞のホームページで公表されているので、今も読むことができる。そこにはいろいろ心躍る言葉が並んでいる。「音楽の真実を表現するには、フルートやヴァイオリンの一番甘い音と、ドラムやシンバルの鳴り響く音とがぶつかり合うことが必要なのです」「安定と美とは両立しえない」「究極のものを成し遂げようとする芸術家は、断崖絶壁の縁ギリギリまで行かねばならないとも言えます。いわば、破滅の瀬戸際までです。そこにこそ至高の美があるのです。最も偉大な芸術家とは、すべてを危険にさらして賭ける人々です。」……これらの言葉を読むと、現代の古楽奏者たちのような態度は、元をたどればアーノンクールに行き着く、ということを今更ながら痛感する。今年のはじめ、クルレンツィスと話す機会があったのだが、そのときも彼は、ちょうど演奏会を引退することが表明されたばかりだったアーノンクールの話題を持ち出し、「アーノンクールの解釈には異論があるところももちろんあるが、彼がいたから私たちが今ここにいる、ということは間違いない」と語っていた。

＊　＊　＊

翌、一一月一二日がワークショップ。これまでは受賞者が作曲家だったので、彼らが自作を語り、またその演奏を聴いてコメントを加える、といった形式が多かったのだが、二〇〇五年は前半がシンポジウムで、後半が公開練習というかたちとなった。前半のシンポジウムは、パネリストに鈴木雅明さん、アーノンクールの著書の邦訳者でもある樋口隆一さん、そして荒川恒子さんの三人に、筆者が司会役だった。最初にアーノンクールの基調講演があり、これが五〇分程度。その後パネリストも交えての討論となる。講演は、「楽譜の魔力」というテーマで、この内容も京都賞のホームページで読むことができる。乱暴に要約してしまえば、「『楽譜』をもとに過去の作品を演奏する」という行為の全てを根源的に問い直す、というような内容だった。そもそも過去の作品を演奏する、ということは、ほんの二〇〇年足らずの歴史しか持たないかなり特殊な音楽行為であるし、楽譜をもとに演奏する、ということも歴史的に見れば当たり前とは言えない行為である。その意味をもう一度よく考えると、アーノンクールのやってきたことは、単なる衒学的なものではなくて、音楽行為として論理的に一貫したものとして見えてくる。この講演をうけて、三人のパネリストから質問があり、議論となった。が、その内容については、実はあまりよく憶えていない。司会役としては、アーノンクールが用意してきた講演後半の音律論が厄介だなあ、と考えていて、できればそれに踏み込まないですむようになんとかできないか、と気になっていた。結局、アーノンクールの講演の途中で割って入って、質疑応答を開始してしまい、結果的に時間切れとなって、「音律」の話は当日聞けなかった。聴衆のなかには、それを不満に思った方も多かっただろうとは思うけれど、この部分も、今では既出のワークショップの記録で読める。「ピタゴラス・コンマ」の説明の類の音律に関する議論は、実際の音例なしにやっても、なかなか伝わらないものだが、こういう話を用意してきて果敢に説明しよう、というその心意気は、やっぱりアーノンクールの演奏につながる率直さを感じさせる。話を中断させるようなことになって、本当はヒヤヒヤしていたのだが、彼が筆者のような若造の（当時はまだ若かった）仕切りを何のこだわりもなく尊重してくれたことも強く印象に残っている。

さらにその後が、ワークショップのメインとも言える公開練習で、これは京都フィルが登場して、モーツァルトの交響曲第三三番を題材に、アーノンクールが練習を付けてゆく、というもの。筆者が驚いたのは、最初に第一楽章を通したときから、すでにアーノンクールのあの激しくて、濃厚な音が京都フィルから出てきたこと。練習が進むにつれて、もちろんその度合いは増してはいったのだが、しかし「アーノンクールの音」というのが、やはり彼が前に立って棒を振るだけでどんなオーケストラからも出てくる、というのは（当然といえば当然だが）印象的だった。

また記憶に残っているのは、第二楽章を中心に丁寧に解説された、この音楽の「表情」についての比喩の的確さ。彼は第二楽章を、基本的にピエロとピエレット（ピエロの彼女）との、可愛らしい恋の物語として説明するのだが、そういう話をするときの彼の身振りは、もうそのままでイタリアのコンメディア・デラルテの役者のようであり、この音楽の背後に、こういう道化の身振りを感知できる、というのは、やはり彼のような背景をもつ者の絶対的強みだと思った。

＊　＊　＊

あのときパネリストの一人だった、鈴木雅明氏が、ストラヴィンスキー（！）のCDを出した。曲目は《プルチネッラ》組曲と《ミューズをつかさどるアポロ》、そして《弦楽のための協奏曲ニ調》という新古典主義の系列に属する作品群で、演奏はフィンランドのタピオラ・シンフォニエッタ。鈴木雅明氏が近年、ブリテンやプーランクといった二〇世紀の音楽にも進出していることは了解していたが、声楽的なもの、宗教的なもの、という意味では多少とも鈴木氏の本領との関連も見て取れた。だが《プルチネッラ》組曲となると、ちょっと厄介だ。

ストラヴィンスキー：バレエ《プルチネッラ》組曲，
バレエ《ミューズをつかさどるアポロ》，
弦楽のための協奏曲 ニ調
鈴木雅明指揮タピオラ・シンフォニエッタ
〈録音：2015年4月〉

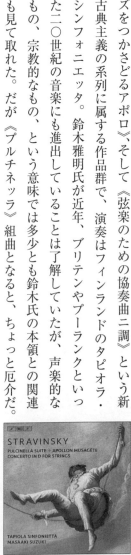

《プルチネッラ》は、周知のように、ストラヴィンスキーがディアギレフの示唆もあってペルゴレージの曲（と当時は思われていたが、実際にはガッロなどほかの作曲家の作品も含まれる）をもとに編み上げたバレエ音楽である（原曲には歌も入るが、組曲はその管弦楽版）。二曲目の《ミューズをつかさどるアポロ》も一七世紀のバレエ（特にリュリの音楽）を意識して書かれたものなので事情は似ている。ここには三つの時間がかかわってくる。リュリやペルゴレージたちの一七、一八世紀、ストラヴィンスキーが作曲した二〇世紀初頭（正確には一九一九〜二〇年）、そして演奏される現代。鈴木氏の演奏語法の基礎が、バッハの時代、すなわちほぼペルゴレージたちの時代に方向付けられてきたとして、それをこの曲に単純に適応すれば、ここには矛盾が生じることになる。ストラヴィンスキーの編曲は、ペルゴレージの音楽を忠実に再現しようとしたわけではなくて、明らかにそれをデフォルメし、脱構築することを目指していたのだから。事実、ストラヴィンスキー自身が指揮・監修した演奏などからしても、そこに「古楽」的な志向が入り込む余地はなさそうに思える。「原曲」に忠実であろうとすれば作曲者を裏切ることになり、作曲者に忠実であろうとすれば「原曲」の文脈を等閑視することになる。「歴史的情報」は、この曲の場合、二重の焦点を持って乱反射を起こしている。

その結果はどうだったか。筆者は、これをとても楽しんで聴いた。そこここに「古楽」的な要素は垣間見える。音は短めで、ヴィブラートは控えめ。だが、そういったやり方で全曲をべったり塗り尽くすわけではなくて、奏法は場面によって柔軟に使い分けられる。そしてスピードと潔さが際立つ。結果として聞こえてくるのは、清新で、少し素っ気ない《プルチネッラ》像。第一曲の末尾が端的な例だが、曲の最後にまとまりをつけて、もったいぶろうという気はさらさらなくて、掻き消えるように終わる。ほかの録音でも確かにここで時間をかけたり、音を長くしたりする人はほとんどないが、それにしてもこの「素っ気なさ」は絶品だ。こういった傾向は、鈴木氏のバッハの録音でも感じることがあるが、ストラヴィンスキーのアンチ・ロマンティックな音楽には特に映える。演奏の「原理」ではなくて、むしろ作曲者の生理と演奏者の志向とが、共振している。

あまり演奏されないほかの二曲も含めて、ここではストラヴィンスキーのただならぬ「新しさ」が、際立っている。彼も「破滅の瀬戸際まで」行った人間だった。

ストラヴィンスキー：バレエ《プルチネッラ》,
ペルゴレージ：チェロと通奏低音のためのシンフォニア,
ガッロ：トリオ・ソナタ第1番より第1楽章，他
クリストファー・ホグウッド指揮セント・ポール室内o,
ベルナデッテ・マンカ・ディ・ニッサ（Ms）
デイヴィッド・ゴードン（T）他
〈録音：1989年1月〉

これも《プルチネッラ》への古楽からのアプローチ。ここにはペルゴレージやガッロなどの原曲をホグウッドなりに復元した演奏も含まれていた

Chapter 7

ルーマニアにコリンダを聴きに行く

2016年7月号

ルーマニアの「コリンダ」というものを現場で体験してみたくて、一週間ほどルーマニアに出かけたことがある。一九九七年末のことだったから、もう二〇年ほど前の話だ。クルージナポカでレンタカーを借りて、トゥルグムレシュで通訳をしてくれるカップル（本当は一人の助手をお願いしていたのだが、実際に会ってみるとカップルで付いてきた）を拾い、そこからカルパチア山脈を超えて、滞在先のイヴァネシュティという村に向かう。ルーマニアの東側の国境まであと数十キロというところ。モルドヴァ地方にあたり、ルーマニア系の人々が九割以上を占める。周辺一四の村を合わせて五〇〇〇人に満たない人口だから、このイヴァネシュティに住む人の数は四～五〇〇人程度だろうか。

村では、教会（もちろんルーマニア正教）の司祭の家に泊めてもらう。これも知り合いが手配してくれた。が、どこかで話がねじれて伝わったらしく、先方は仏教の僧侶が来る、と思い込んでいて、すでに村人には仏教僧が宗教的関心からルーマニアのクリスマスを見学に来る、と言ってしまったので、もうそういうことにしておいてくれ、と頼まれる。しかたないので、一週間、坊主として暮らした。筆者の外見を知る人は、それがたいして的外れではないことを了解してくれるだろう。

＊　＊　＊

「コリンダ」とは、クリスマスの前後に行われる若者や子供を中心とする門付けの風習、およびそこで歌われる歌のジャンルのことである。村の子供たちがめいめい、三から八人程度のグループを作り、家の前で数曲のコリンダを歌い、終わるとなかから家人が出てきて、お菓子や小銭などをもらって、また次の家へと向かう。筆者が行ったときには、ほとんどがキリスト教化された後の、宗教的な歌ばかりになっていたが、元来はキリスト教以前の信仰に由来し、歌われるのも、月を娶ろうとした太陽の話や、ミリオツァと呼ばれる黄金の毛を持つ羊の話など、かつては異教的なものが多かった。

このような「コリンダ」の風習は、ルーマニアだけではなく、スラブ語圏には広く分布して

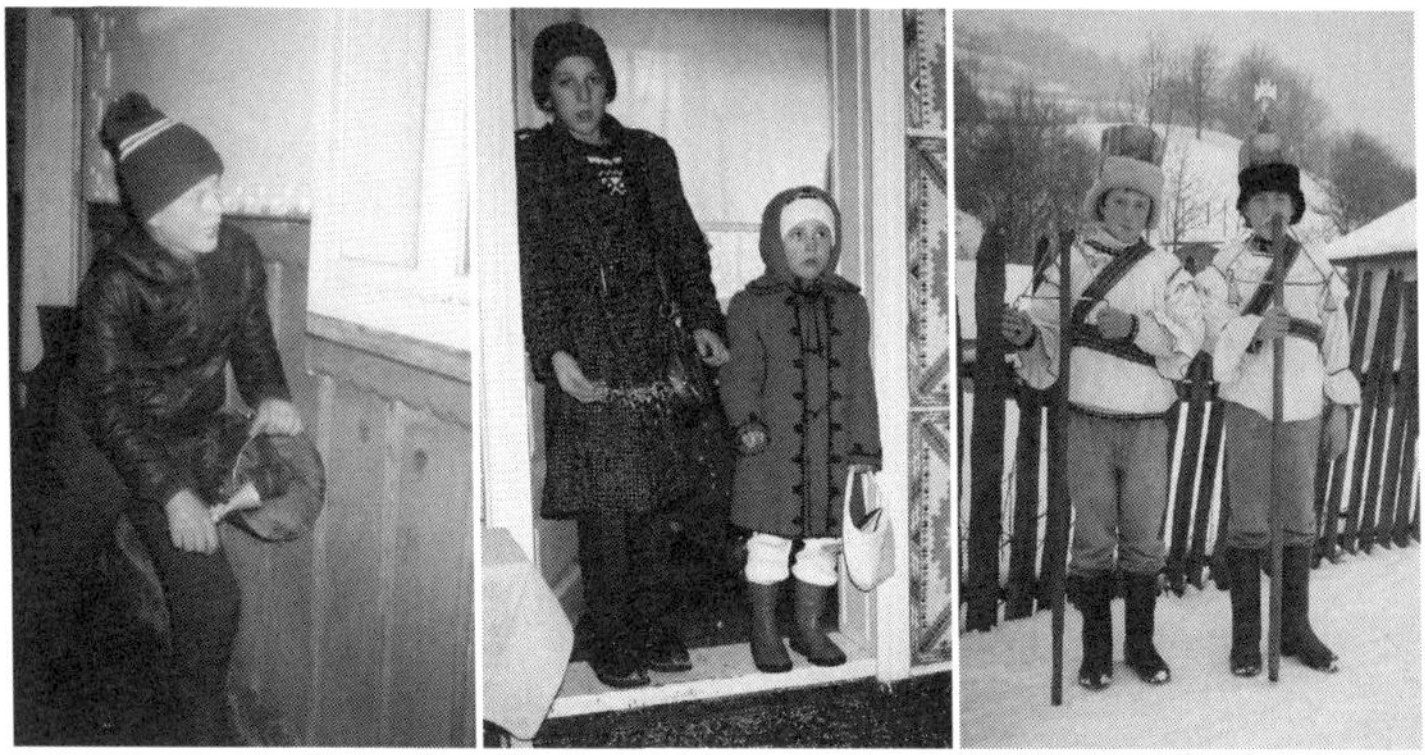

子供たちは手に手に、鈴や棒、そしてガラガラのようなものを持って、村の家々を回り、コリンダを歌う。いずれもルーマニアの村のコリンダの様子。撮影、平賀英一郎氏

いる。それらの地域では、若者や子供の門付けだけではなく、広場に焚き火を焚いてその周りでお祝いを行ったりする行事も含まれる。「コリャダ」（ロシア、ウクライナ）、「コレダ」（ポーランド、ブルガリアなど）などと呼ばれ、これは「カレンダー」と同じ語源だという。前述のとおり、元来この風習はキリスト教以前の異教と結び付いており、そこでは冬至のような暦のうえの出来事が大きな意味を持っていたので、これがカレンダーと同じ語源だとしてもそれほど不思議はない。スラブ語圏以外でも、たとえばハンガリーでは「レゲシュ」と呼ばれて似たような風習があるし、スラブ圏でもウクライナの「コリャダンティ」などは、可愛い子供の風習というより、若者の乱暴な馬鹿騒ぎに近いものになる。

英語圏、とくにアメリカではハロウィンの時に、似たような子供たちの門付けが行われるが、これも全く無関係ではない。一般に、ハロウィンはケルトの習俗の名残

りだ、と言われる。一年が終わり、次の年が始まるとき（ケルトでは一一月一日からが新しい年とされた）のお祭りである。その季節には死者の霊が家族を訪ねてくると考えられており、同じ頃に跋扈する悪霊から身を守る為に仮装をしたり、火を焚いたり、お化けカボチャ（ジャック・オー・ランタン）を掛けておいたりする。だとすれば、やはりこれも同趣旨の冬のお祭りであり、コリンダの方はキリスト教以前の習俗がクリスマスと習合した（あるいは「させられた」？）のに対し、もう一方はハロウィンとして生き残った、と考えられる。

こちらはハンガリーの降誕祭劇で使われる人形。G.Ortutay,*Hungarian Folk Art*, Corvina,1972. より転載

もっと言えば、水上勉が短編「桑の子」[注1]で伝える若狭における「釈迦釈迦」の奇習なども、ほとんどこれと同根の風習であるように思える。ちょっと長いが引用してみよう。

「旧暦二月十五日。この日の朝がくると、村じゅうの、六歳から十五歳までの男女の子供たちが村の奥にある森に囲まれた観音堂の前に集まって、夜があけはじめるころから行列を組み、六十戸ある家々の戸をトントンと静かにたたいて歩く。子供は思い思いのグループをつくっていて、三人、四人ないしは五、六人で、夜明けの家々の戸をたたいた。この時、子供らは口ぐちに、「釈迦釈迦ァ」と連呼した。〔……〕すると、村の家々では、家人の一人が起きていて、子供のたたく戸を、手が通るぐらい少し開けてくれた。「誰やァ」と中から大人の声がする。子供は、自分の家の屋号と自分の名をいう。〔……〕すると、大人は戸の内側に顔をかくしていて、手だけにゅっと外へ出し、「袋をあけィ」という。子は、てんでに頭陀袋か、巾着風の大きな布袋を首からたらしているので、その紐をゆるめて、袋の口をあけ、戸のスキマへのぞかせる。すると内側から、お菓子だの、煎豆だのを掴んだ大人の手がにゅっととび出てきて、袋の口に入れてくれるのであった。」

これが水上のフィクションではないなら、季節は少し遅くなるが、そして歌こそ歌われないが、やっていることはルーマニアのコリンダと全く同じである。若狭では早朝に子供たちが家々を回った後、夜には観音堂に燈明がともされ、爺婆たちが集まって、念仏を唱えながら「亡者たちのはなしに興ずる」のだという。季節の変わり目の妖しく不安定な時間、若者たちの仮装と門付け、死者たちの霊が帰り、悪霊が跋扈すること。こういった観念が、コリンダ＝ハロウィン＝釈迦釈迦の行事の基底にある。そうなると小正月に行なわれる「モグラ送り」(子供たちが竹の棒などで地面を叩いてモグラとそれに似た悪霊を追い払い、豊穣を祈願する行事）や、さらには夏の終わり（だがそれは見方を変えれば一年の始まりと重ね合わせることもできる）ではあれ、お盆の送り火の風習なども、まんざら無関係ではなさそうに思えてくる。

＊　＊　＊

バルトークはこのコリンダの風習に、生涯関心を抱き続けた。彼は、一九〇九年から一七年に掛けて、コリンダを五〇〇曲以上収集している。とりわけ一九一〇年末から一四年にかけて、毎年年末からお正月の季節は、田舎で調査を行うのが通例になっており、そのなかで「コリンダ」の現場を体験していた。一九一五年に書かれた『ルーマニアのクリスマスの歌』（ＢＢ六七、Ｓｚ五七）は、こうして収集したコリンダの旋律のうち二〇曲を選び、それをピアノ独奏曲として編曲したものだった。バルトークは、これらオリジナルになった旋律の採譜を、楽譜の裏表紙に掲げている。さらに、一九二四年から二五年にかけて、『ルーマニアのコリンダ』と題した書物も編纂したが、これは自分で集めたコリンダの旋律の採譜を、歌詞や収集した場所や時などのデータとともに掲げ、独自の分類、考察を加えたものである。彼は、作曲のための時間も犠牲にしてこの編集作業に没頭し、出版社との関係がこじれたあげく、ついには自費出版にこぎつけた。[注2]そして、一九三〇年の《カンタータ・プロファーナ》では、音楽はバルトークのオリジナルだが、歌詞がルーマニア語のコリンダのテクストをハンガリー語訳したものに基づいている。そのほかにも、小さい曲に、コリンダの習俗と関係のあるものがいくつかある。

コリンダは二～四行で一節となる旋律で、一行は六音節または八音節となる。ここに「リフレイン」と称される掛け声のようなものが挟まる。リズムとしては、八分の二拍子や三拍子などが頻繁に交代する変拍子が多く、素朴ながら独特の風合いを持つ旋律が多い。このリズムの問題を追及したのはバルトークの友人でもあったルーマニア出身の音楽学者、C・ブライロユで、彼の「アクサク・リズムについて」（一九五二年）という論文[注3]は、コリンダのリズム構成の法則性を抽出し、今度は逆にその法則性から生じ得る全てのリズム型を列挙するものだった。その徹底した方法論は、今読んでもちょっと興奮する。ちなみに「アクサク」とは、トルコ語における「跛行」のことで、バルカン半島などに見られる変拍子（どこかが半拍字余りになっている拍子、たとえば二＋二＋三＝七拍子や二＋二＋二＋三＝九拍子など）のもつ独特の引っかかるような性格を指している。

作曲家としてコリンダに魅せられたのは、バルトークだけではない。クロアチアの作曲家、ヤコヴ・ゴトヴァツ（一八九五〜一九八二年）は、一九二五年に《コレダ》という合唱作品を書いている。またポーランドのW・ルトスワフスキが作った《二〇のポーランドのキャロル》（一九四六年）は、やはりポーランドのコレダに取材した民謡編曲で、おそらくバルトークの先例に倣ったものと思われる。さらに近年、G・クルターグは《コリンダ・バラダ》を作曲した（二〇〇八年）。これは合唱と室内アンサンブルのための作品で、やはりコリンダの旋律と歌詞が用いられている。曲の冒頭に用いられている旋律は、バルトークが一九一三年末に集めたコリンダの一曲である（先のバルトーク編『ルーマニアのコリンダ』では譜例9）。この曲の歌詞は、太陽と月の兄妹をめぐる愛、そしてその叶わない想いを歌っている。[注4] 太陽と月をめぐる物語は、やはりこの歌が暦の上の特異点、およびそれをめぐる祭礼と関連していたことを示している。

＊　＊　＊

イヴァネシュティでの一週間は、行事が満載で、結構忙しかった。村人たちは、この旅の僧侶に村の文化を紹介したいらしく、いろんなところに連れて行ってくれる。水車、蒸留酒を造る装置、大きなモミの木を飾りつけるところ、庭の石窯で「コゾナッチ」というパンを焼くところなどを見せてくれる。馬車に乗ってお葬式にも連れて行ってもらって、正教のお経のような祈りが延々と続くのを録画したりもした（一応坊主なので、興味がない素振りは見せられない）。司祭は、おそろしく俗っぽいおじさんで、カウボーイハットをかぶっておどけてくれたりした。そして手伝ってくれたアダとエウジーンの二人は、とても気持ちのよいカップルで、彼らがまだ子供だったチャウシェスク時代の話などに興じて夜更かしした、

クリスマス・イヴの宵、教会の鐘が村に鳴り渡ると、それが合図になって、次々と子供たちが家にやってくる。「コリンダを受けますか？」「どうぞ」というようなやり取りがあって、子

供たちがドアの向こうで一、二曲歌う。終わると司祭の奥さんがドアまで出て行って、キャンディなどをわたしている。子供たちのグループは大小さまざまで、なかには仲間が作れなかったのか一人で回っている子もいたりする。あるいは何人かが扮装してヘロデ王と東方の三博士などの物語を演じることもある。「イロド」（複数形で「イロジ」）と呼ばれる民衆劇で、これはユダヤのプリムなどにも影響を与え、イディッシュ劇の源流の一つともなったものだ。だが、もちろん子供たちの演じるものはとても素朴で、照れ臭そうにつっかえつっかえやっとのことでセリフを諳んじている。ずっと司祭の家で回ってくる子たちを見ているのも芸がないので、隣の家の前までグループについて行ったりもした。家々の窓から漏れる明かりだけが、凍てつく夜の暗い道を照らす。村のあちこちから、子供たちのコリンダの声が聞こえて来る。着ぶくれた赤い頬。彼らの持つ鈴の音。バルトークの《ルーマニアのクリスマスの歌》を聴くと、あのときの村の情景が、今も蘇ってくる。

追記：あの時の写真を、と思って探すが、ビデオが見つかっただけで絶望的に出てこない。旧知の民俗学者、平賀英一郎さんにお願いして写真を使わせてもらうことにした。いずれも、二〇〇〇年以前に、ルーマニアで撮影されたものである。ここに記して深謝する。なお、文中の民俗劇については、平賀さんによる『石陽消息』というブログで描かれている記事「東欧の降誕祭劇」（http://d.hatena.ne.jp/

agarih/20051224）が貴重な情報満載で参考になる。

注1　水上勉『有明物語』（中央公論社、一九六五年）収録。手近なところでは新潮文庫『越後つついし親不知・はなれ瞽女おりん』でも読める。

注2　Malcolm Gillies, Adrienne Gombocz-Konkoly, "The Colinda Fiasco: Bartók and Oxford University Press", *Music and Letters* 49-4（October 1988）, pp.482-494. に詳しい。

注3　Constantin Brăiloiu, "Le rythme aksak", *Revue du musicologie*, xxx（1951）, pp.71-108.

注4　降矢美弥子さんのブログを参照した。

Chapter 8

コリンダとシンデレラ

2016年8月号

ルーマニアのクリスマスで子供たちによって歌われる「コリンダ」を聴きに行った、という話の続きである。「コリンダ」の背景には、この季節、すなわち太陽が一番弱まる冬至の頃(一年の終わりであると同時に新しい年の始まりでもあるような季節)に関する観念連合がある。太陽の支配が弱まり、地の霊が活動しやすくなる季節とは、すなわち死者の霊が帰ってきたり、魔物が跳梁したりする季節であり、子供や若者たちのグループは、そのような死者や祖霊を表象していた。彼らを丁重に迎え、おくりものをして丁寧に送り返すことによって、新しい年の幸福と安寧が約束される。祖霊は両義的存在であり、お迎えする際に礼を欠くと、彼らは暴れだしたり、災いをもたらしたりもする。このような訪問者は、子供たちのグループであることもあれば、あるいは仮装した若者であったり、芸人であったりした。日本でもそのような風習が見られることは前回触れたが、民俗学では「神聖な来訪者」複合《コンプレックス》（A・スラヴィク）とでも呼べる対象として知られており、折口信夫の「まれびと」概念とも重なる。注1 ドイツでは、この種の行列はしばしばオーディン（その変化形がヴォータン）に率いられており、さらに北欧ではそのヴォータンの住む場所がヴァルハルの山だということになっているので、ヴァグナーの《神々の黄昏》の世界は、この「来訪者」複合のすぐ隣にあることになる。

＊　＊　＊

前述の通りバルトークがこの「コリンダ」の世界から生み出した作品の一つに《カンタータ・プロファーナ》BB一〇〇（一九三〇年）がある。この作品は、「コリンダ」の旋律を使っているわけではない。そうではなくて、そこで歌われたルーマニア語の歌詞を、バルトーク自身が整理し、ハンガリー語に翻訳して作品のテクストとした。その概要は次のようなものだ。

昔、翁のもとに九人の息子たちがいた。息子たちは、種まきも牛追いも教わらず、ただ鹿狩りだけを教わって育つ。森のなか、ある橋のたもとで聖なる鹿の足跡を見つけ、それを辿るうちに、鹿に変身してしまう。老父は息子たちを探しに森に行き、そこで何頭かの鹿を見つける。その一頭に狙いをつけて銃を構えると、鹿の一頭が「父上、我々に銃を向けるな」と告げる。父は鹿たちが自分の息子であることを悟り、一緒に家に帰ろう、と呼びかけると鹿は答える。「私たちは参りません。なぜなら、角が玄関を通らず、しなやかな脚は囲炉裏の灰を踏めず、枯葉しか踏めない。口は澄んだ湧き水からしか水を飲めないのです。」

最後の鹿の言葉は、しばしばバルトーク自身の創作の姿勢と重ね合わされてきた。「澄んだ源泉」とは、文明に毒されていない素朴な民俗文化のことであり、そのような「純粋な」村の民俗音楽を基礎として自己の創作を行うのだ、という宣言と解釈されたのである。

バルトーク・レコードのレーベル写真。バルトークの次男ペーターが主宰しているバルトーク・レコードのレーベルは、鹿のマークだった。おそらくこれは本文で触れた《カンタータ・プロファーナ》の鹿から来ているのだろう

だが、この物語を「コリンダ」の文脈に投げ返してみるなら、これが前述のような「来訪者」複合の一つの表現であることは明らかだろう。来訪者たちは、しばしば動物に仮装していたからである。六世紀頃のものとされる記録に、年の変わり目の風習として次のようなものがある。「鹿に仮装する人々がいる。また羊や山羊の皮をかぶったり、動物の仮面で変装するものもいる。彼らは動物の姿になったので、もう人間とは感じられず、大喜びである。[注2]」。おそらく、「コリンダ」で「鹿に変身した若者たち」について歌われているのは、コリンダと隣接する風習におい

て、鹿に仮装することが行われていたことの反映であり、その両方の基底となっているのが、前述の「来訪者」複合の観念だ、と言えるだろう。バルトークの《カンタータ・プロファーナ》は、だから作曲当時の芸術史的、政治的文脈だけではなく、ずっと遠い過去まで遡り、遠い地域まで拡がっている民俗的想像力の文脈でも捉え直されねばならない、ということになる。

＊　＊　＊

先ほどの鹿に仮装する人々に関する文章は、ギンズブルグの『闇の歴史』からの引用だが、この本は、サバトに現れる夜間の飛行や動物への仮装といった表象を、ユーラシア全域の儀礼や習俗と比較しながら、それがとてつもなく古く深い起源を持つものであることを明らかにした驚くべき書物だ。その最後近くに「跛行」に関する極めて興味深い章がある。

足がかりとなるのは、オイディプスの神話だ。ちょっとその梗概をおさらいしておこう。オイディプスは、生まれた時に父であり国王であるライオスによって、テーバイの町を追放される。この子が父を殺し、母との間に子をなすという予言があったからである。オイディプスは結局、隣国の王のもとで大きくなるが、やがてそこも離れる。その途上、たまたま出会った本来の父、ライオスを行き違いのゆえに殺してしまう。テーバイでは、スフィンクスという魔物の出現に困っていたが、通りかかったオイディプスが見事スフィンクスの謎を解き、これを倒す（このときの謎が「朝には四本足、昼には二本足、夕べには三本足の動物とは何か」というあの有名な謎かけである）。ライオスをなくし、国王不在となったテーバイでは、見事スフィンクスを倒したこの若者を王に迎えることになり、オイディプスは王妃（つまり母）と結婚する。二人の間には子が生まれるが、オイディプスはやがて真相を知ることになり、自らの目を突き、テーバイを去って放浪する。

この物語をギンズブルグは、神話的＝儀礼的「跛行」（つまりなんらかの歩行の障害、あるいは歩行に困難があると儀礼的に演じること）という意外な角度から読み解こうとしている。まず確認しておかねばならないのは「オイディプス」という名前である。これは oidan「腫れる」+ pous「足」つまり、「腫れ足」とでも訳せるような言葉から成る。ライオスは、生まれた子を山のなかに捨てさせるとき、その足を傷つけた。この行為とオイディプスの名は関連している。だから、オイディプスは跛行の人物であり、最後には盲目となって、足を引きずりながら姿を消す。

これはオイディプスの物語にあっては、それほど重要でない細部のように見えるが、実はここにこそオイディプスの神話的淵源が隠されている、とギンズブルグは見る。そして、彼はこの物語に、「跛行」を演じる民俗的儀礼、あるいは片足だけサンダルを履いて戦闘する、といった行為を結び付けてみせる。たとえばバルカンの「カリカンツァロイ」と呼ばれる「ナマハゲ」に似た儀礼（これも年末から年始にかけての行事である）、あるいはリヴォニアの狼憑きの儀礼《ルペルカリア》は、いずれも跛行する者に導かれていた。あるいは古代の戦争の記述には、片足（左足）だけにサンダルを履いて急襲をかけた、というような記録がある。これらは「跛行」ないし片足だけにサンダルを履いていること、といった不規則な歩行が、かつて、死者の国に行く者、あるいはそこに行ってきた者の刻印と理解されていた、ということを示している。

死者の国に行くこと、そこと行き来できること、というのは、古来シャーマンの仕事だった。一方で寓話の世界では、死者の国に行き、地上に戻って女王と結婚する英雄の物語が数多く語られてきた。そしてそれを儀礼的に表現したものが「通過儀礼」であり、そこでは、象徴的に傷つけられ、一定期間隔離され、そして生へと帰還する過程が演じられる。実は、オイディプス神話も正確にこの過程を辿っている。つまり、オイディプスは、足を傷つけられ、そしてテーバイから隔離されて育てられ、魔物との戦いに勝ち、そして帰還して女王と結婚する。彼が引きずっている足は、その通過儀礼の証であるが、同時に彼が死者の国と通じる者であることを示している。そのように考えるとスフィンクス（このスフィンクスも、死を見守る存在と考えられていた）の謎が、足や歩行と関係していたのも偶然ではないことがわかる。

そして、ここからギンズブルグの話はさらに急転回する。「シンデレラ」が舞踏会から急いで帰るときに脱げてしまった片方の「ガラスの靴」とは、実は「跛行」というテーマの残存物だ、というのだ。したがって、シンデレラは死者の国と行き来できるシャーマンの性格を帯びていて、彼女が向かった舞踏会とは、象徴的には「死者の世界」だった。これだけ読むと、突拍子もない話に聞こえるが、あのディズニーの「シンデレラ」のなめらかな表面の覆いをとり払って（あるいはあのなめらかさにこそ、ある種の不気味さが宿っていると思う人もいるかもしれないけれど）、原シンデレラのさまざまな異文をたどっていくと、この説はだんだん説得力を帯びてくる。ドイツ語のグリム版シンデレラ『灰かぶり少女』では、舞踏会に行く服はゴッドマザー＝魔法使いではなく、亡き母の墓に植えられたヘーゼルの木にお願いすることで得られるのだが、このヘーゼルの木は死者の世界と生きている者の世界をつなぐ存在だと考えられる（ケルトの信仰では、ヘーゼルの木は天上と地上をつなぐ存在と考えられていた、という）。このあたり、詳しくは『闇の歴史』と、この本にも触れながらさらにそれを咀嚼し、敷衍している中澤新一『人類最古の哲学』（講談社選書、二〇〇二年）を読んで確かめ

グリム版『灰かぶり少女』の挿絵：グリム版では、シンデレラ＝灰かぶり少女は、亡き母の墓にヘーゼルの木を植え、その木が願いを叶えてくれる。これはマールブルク生まれの画家オットー・ウーベローデ（1867～1922年）による挿絵（1907年）

ていただきたい。

＊　＊　＊

そんなわけでようやく「コリンダ」とシンデレラのガラスの靴が繋がった。「コリンダ」は冬至の頃に、祖霊（ないしそれに扮した者）が来訪し、それを歓待する、という風習に根ざしており、そしてシンデレラは、その片足の靴が脱げた状態での「跛行」に、彼女のシャーマン的由来を刻印している。だとすれば気になってくるのは、コリンダの「アクサク・リズム」（跛行リズム）と、上記のような神話的「跛行」との関係である。

前回触れたとおり、コリンダで歌われる歌の多くは、どこかが半拍字余りになっている拍子を持っていた。バルトークは、このようなリズム（八分音符の二つ、または三つを基本単位として、それらを組み合わせたリズム）に注目し、それがブルガリアを中心に解明されてきたことを尊重して、「ブルガリアン・リズム」と呼んだ。《ミクロコスモス》BB一〇五の掉尾に置かれた〈ブルガリアのリズムによる六つの舞曲〉（第一四八〜一五三番）はまさしくこの考え方によるリズム六種を用いた小品群である。第一四八番は四＋二＋三（＝九）の拍子で、多少例外的に八分音符四つの単位を用いているが、それ以外は右記のブルガリアン・リズムの考え方に合致する（第一四九番は二＋二＋三拍子、第一五〇番は二＋三拍子、第一五一番は三＋二＋三拍子、第一五二番は二＋二＋三拍子、第一五三番は三＋三＋二拍子）。

この考え方をさらに推し進めたのが、バルトークの友人でもあったルーマニア出身の民族音楽学者C・ブライロユだった、ということも前回で触れた。彼は、このようなリズムが必ずしもブルガリア由来とは言えず、バルカン半島一帯に見られることから、「ブルガリアン・リズム」という用語を廃し、トルコ語の音楽用語である「アクサク」を用いた。この「アクサク」は、跛行を意味する。字余りの拍子が「跛行」を連想させるのは、特別なことではない。だから、ブライロユもそこに特に深い意味は込めなかったのかもしれない。だが、このリズムを特徴とする「コリンダ」が、これまで読んできたように祖霊、死者の世界をめぐる儀礼と隣り合わせであり、その死者の国と行き来できる者の刻印の一つに神話的＝儀礼的「跛行」があったとすれば（そして実際にそのような世界を表象する儀礼に「跛行」が用いられていたとするなら）、コリンダの「跛行」にもそのような刻印を読み取ることは決して無謀とは言えないのではないか、という気がしてくる。もっとはっきり言えば、コリンダの「アクサク・リズム」は、祖霊による「跛行」の儀礼の残滓なのではないか、ということだ。

二〇年も前、ルーマニアのクリスマスで聞いた子供たちの素朴な声の彼方に、そしてバルトークの可憐な小品の奥底に、東欧の闇が横たわっている。

注1　二〇一八年現在、このような日本の「来訪神」の儀礼は、ユネスコの無形文化遺産として登録される準備が進んでいる。

注2　カルロ・ギンズブルグ『闇の歴史』、竹山博英訳、せりか書房、一九九二年より引用。

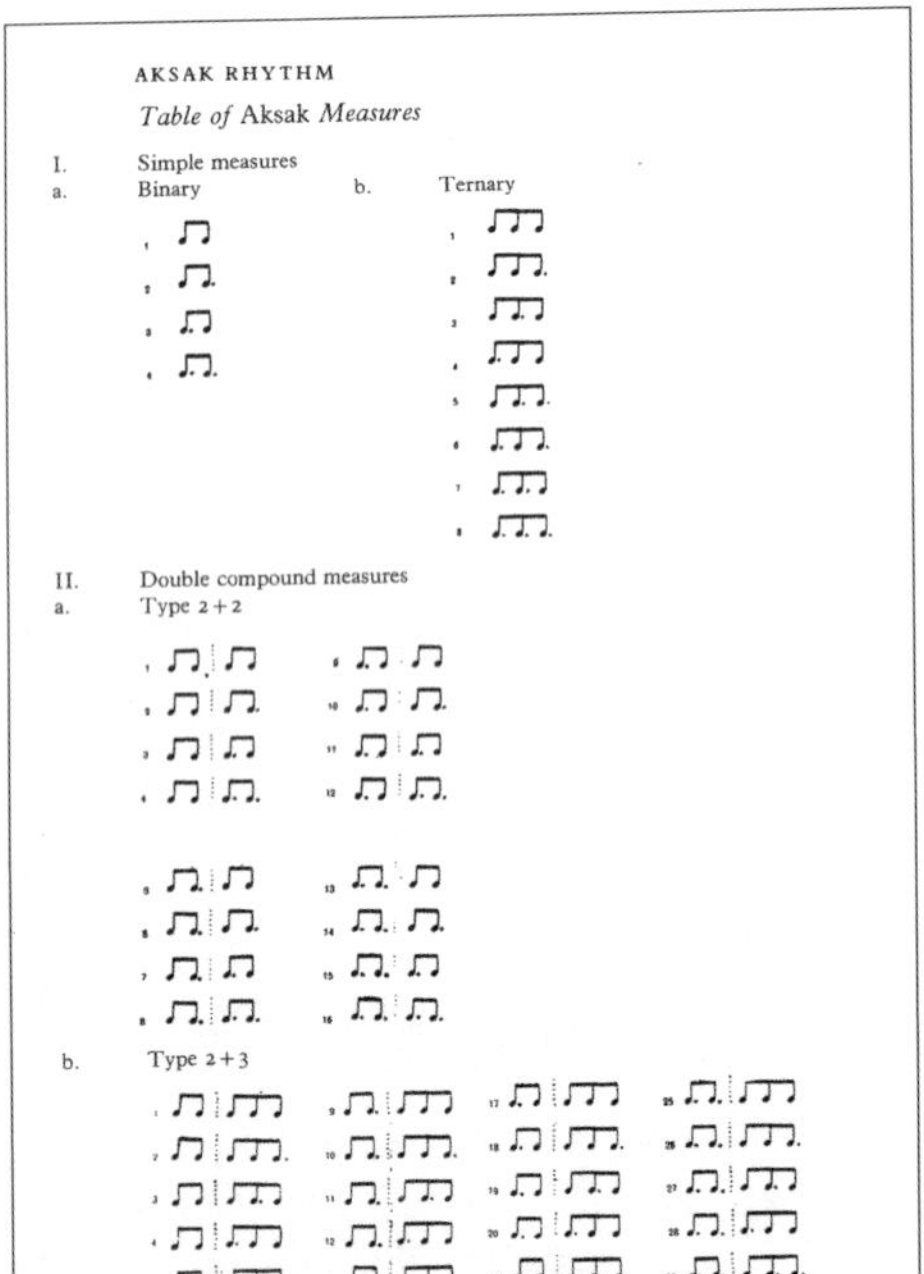

ブライロユの論文の１ページ。ブライロユの研究では、「コリンダ」のアクサク・リズムについて、理論上考えられるすべてのヴァリアントが列挙されている。これはその一部。

Chapter 9

リゲティが握ったかもしれない消しゴム

2016年9月号

授業で、リゲティの「自問自答」という文章を読んだ。リゲティが自分で自分にインタビューしながら、自作を語るという文章だ。元はドイツの音楽雑誌『メロス』に一九七一年に発表され、その後英語にも訳されている。[注1] 初出の一九七一年といえば、リゲティが亡命し、西側で鮮烈なデビューを果たして一〇年ほど経った時期。身辺も落ち着いてきた頃、と言えるだろうか。

だが逆に、この時にはまだ、オペラ『ル・グラン・マカーブル』（一九七四〜七七年）もピアノ協奏曲（一九八〇〜八八年）も、『ピアノのためのエチュード』（一九八五年以降）も書かれていない。実質的な西側デビュー作である《アパリシオン》（一九五八〜九年）、《アトモスフェール》（一九六〇年）の後、《レクイエム》（一九六三〜五年）《ロンターノ》（一九六七年）と続いて、《メロディーエン》（一九七一年）で新しい傾向が見え始めていた頃であり、センセーショナルなデビュー以来の一〇年の創作を振り返る、といった内容である。ドイツ語で読もうとしたのだが、受講生が誰も付き合ってくれなかったので、結局、主に英語で読むことになった。

そして、これが滅法面白かった。そもそも、リゲティという人は文章を書かせても、喋らせても、面白い。筆者は文章の微妙な綾までわかるわけではないけれど、そういう人間にも、リゲティの文章というのは、たぶんかなり破格の文なのだろうと思われる。そういう意味では名文ではない。だが、自分が言いたいこと、表現したいことがはっきりして、多少言い淀んでも、あるいは言い回しがこなれていなくても、その目的とするところに真っ直ぐ向かって行って、なんとしてでもそれを伝えようとするという、そののたうちまわるような運動が面白い。そして、その伝えたいことの中身はいつも飛び切り濃くて、突飛で、そして真っ当である。だから、それは外国人にもわかりやすい。

＊　＊　＊

こういう彼の文章の特徴は、この「自問自答」にもはっきり現れている。彼の、自分自身への質問は、まず作曲にあたっての「発想」と「技術的側面」との関係に関するものから始まる。そもそも作曲するにあたって、その「原初的イメージ」というようなものはあるのか？　あるとすれば、それは作品にとってどのように位置付けられるのか？　「原初的イメージ」が作品の出発点であると同時に到達点でもあり、作曲とはそのような「イメージ」を具体化するための「技術的過程」に過ぎないのか？　――このような問いの前提として、リゲティが（そして同時代の読者が）いつも気にしていたのは、二〇世紀中葉に一世を風靡した「総音列主義」だっただろう。そこでは一二音技法における音高のセリーをモデルとして、音の長さ、音量、アタックの種類などのパラメータに関しても一二の段階や種類が設定され、そのセリーが決められて、創作を規定する。逆に言うと、これらのパラメータのセリーさえ決めてしまえば、曲は「自動的」に書ける（ようにも見える）。そうなれば、作曲家が抱く「原初的イメージ」など、作品にとっては何の意味もないことになる。極端に言えば、一二段階の数列さえ扱うことさえできれば、音に対するイメージなど特になくても音楽らしきものはできあがる。では、あの作曲家についての古典的イメージ（つまりベートーヴェンが散歩中にピカッとインスピレーションを得て、家に帰るとすぐにそれを核にして一気呵成に曲を仕上げてしまう、といったあのイメージ）は一体何なのか？　あれが作曲だとすると同時代の作曲家はそれとは全く別のことをしているのか、といった疑問が、この論考でリゲティが答えようとしていた問題の一つだ。

リゲティはこういう点では全く古典的で、「原初的イメージ」こそ作曲の出発点であり、彼は最初にそれを自分の「内なる耳」で聴くのだ、という。そういう意味では、彼は総音列主義には懐疑的である。そもそも音高と同じく音の長さにも一二の段階を設定し、それに数値を割り振って、その数値のセリーによって、音高と長さについて、同じ数列に基づいて統一的に操作するなどというやり方には原理的に疑問を持っていたようだ。それはそうだろう。「ナチズム」と「スターリニズム」という二つの全体主義をやっとのことでくぐり抜けてきた人物にとって、この種の全体的操作の危険と欺瞞が見抜けなかったはずはないのだ。

ただしその原初的イメージをそのまま実現することが作曲だ、というほどリゲティは素朴ではない。原初的イメージはそのままでは曖昧なところもあり、首尾一貫しないところもあり、それを作曲家としての意識的技術的省察によって、より強く、一貫したものへと鍛え上げねばならない。作曲するという行為は、そのような過程である。この意味ではリゲティの思考は、典型的に弁証法的である。

面白いのは、リゲティがこういうことを主張するときに、その「原初的イメージ」のことをありとあらゆる言葉で呼び替える、その様子だ。それは「着想」であり、「ナマの状態」であり、そして直感的、情緒的なイメージであって、それと対置されるのは、「思考」であり、「システム」であり、思弁的、構築的、省察的、構造的側面である。しかも、この二つの局面は、決して二項対立的ではなく、互いが互いに浸透している。手つかずの「ナマの」着想にも、それ以前の音楽的経験や、それ以前の作品における試行錯誤の跡が刻印されている。純粋にシステマティックな「構造」も、具体的な音の感覚的イメージと無縁ではいられない。こういう思考の「運動」は、リゲティの音楽的思考の「運動」とそっくりだ。たとえばチェンバロのための《コンティニュウム》（一九六八年）で、ミニマルな動機が次第に変形していき、さらにそれとは全く別の動機が、これも変形を重ねるうちに、最初の動機にだんだん似てきて、お互いに見分けがつかなくなって次第に全体が溶解していく、といった過程は、まさにこの文章の著者以外の誰によっても書かれ得なかったものだ、という気がしてくる。

＊　＊　＊

この文章を読みながら繰り返し見ていたのは、YouTube に上がっていたドイツの放送局が作ったフィルムである。そこに一九五六年の亡命以来、はじめてハンガリーでリゲティ作品が上演された時のインタビューが収められている。おそらくこれは一九七九年、リゲティが五〇代の終わりの頃のものだろう。上演場所であったブタペストのリスト音楽院のホワイエで、ドイツ語で話すリゲティの姿が映し出される。ここは第二次大戦後、彼がようやく得た、安定した生活のなかで、異常なテンションで勉強に打ち込んだ場所であり、多くの印象的な演奏を聴いた場でもあり、そしてその後対位法と和声の教師として勤めていた場所でもあった（ついでに言えば、この煙が立ち込めていて、高い天井に残響が響くユーゲントシュティールの空間を映し出す映像は、筆者がはじめて訪れた頃のリスト音楽院の空気をよく伝えてくれている）。

そこで彼は久しぶりに来たハンガリーで自分の作品が演奏されることについて、とても「奇妙な」気持ちだ、と語っている。最初に彼は自分のバックグラウンドについて語るのだが、それはこんな具合だ。「私はたしかにハンガリー人です。でももうちょっと正確に言うとハンガリー系のユダヤ人で、両親はこのブダペスト近郊の出身です。私自身はトランシルヴァニアに生まれました。一九二三年のことで、もうそこはルーマニアになっていました。でもルーマニア語は学校で習うまでできなかったのです。そして第二次大戦後、ブダペストで過ごし、五六年以降、私はオーストリアやドイツに住んできました。だから私はオーストリア国籍を持ったハンガリー人で、もう随分前からベルリンとハンブルクに住み、そして現在はハンブルク音楽大学の教授をしています。」

これを彼はほとんど一息で語る。ドイツ語はもちろん流暢で、よどみなく出てくるのだが、この一息の説明を聞くうちに、リゲティがここで語らなかった、あるいは語ることができなかった事実がいろいろ頭をよぎる。そもそも彼は化学に関心があって、少年時代よく家で実験して、小爆発を起こして家人を驚かせたりしていたらしいが、ユダヤ人であるがゆえに理科系には進学できず、それでもう一つの関心事であった音楽を職業とした。そして第二次大戦では父も、誰より仲の良かった弟も、一緒に住んだことのある叔父叔母なども収容所で亡くし、自身も強制労働に駆り出されて九死に一生を得ている。戦後、ブダペストで学び、音楽院を卒業してようやくそこに職を得るが、文化統制の締め付けは年々厳しくなり、彼は結局全てを投げ出して五六年のハンガリー事件に際して、亡命の道を選ぶことになる。二三年後に母校に帰ってきてドイツ語でインタビューを受けて「一九五六年以降、オーストリアやドイツに住んできた」というこの中立的な言い回しを選んだ時、彼がどんな思いでそれを口にしているか、ということを考えてみるべきだろう。この言い回しすら、リスト音楽院というハンガリーの国家的機関のなかでは、外国語だからようやく発せられたと解するべきだ（「五六年の亡命」についてハンガリー語では言及することすら憚られたのではないか）。彼は亡命後、ずっと自分が東側からの秘密警察につけ回されているのではないか、連れ戻され粛清されるのではないか、と恐れ続けていたのだ。

その後、彼は自分が歩み始めた音楽における「リゲティ様式」がどういうものかという説明を求められて、次のように答える。「ミクロポリフォニー、持続的形式、そして……全く支離滅裂で、誇張され、強調された動き」。

「支離滅裂」と訳したのはzerhackteという言葉だ。リゲティは、ドイツの批評家が彼の音楽を評して使ったこのzerhacktという形容詞が結構気に入っていたようだ。そもそもこれはHacke

「斧」という言葉から来ており、斧で肉などを「ぶった切りにする」といったニュアンスがある。その言葉を発する前に、彼は一度言葉につまり（文中の「…」の部分）、目がどこかあらぬところを睨みつけ、そして激しい手の動きとともにこの「支離滅裂」以下の言葉が吐き出される。その呼吸を見るのが楽しくてこの映像を繰り返し見る。弦楽四重奏曲第二番第一楽章で *f* 四つの記号とともに「狂ったように」と書かれた跳躍音型があるが（譜例）、あの音型はまさにこういう身振りで弾かれるべきなのだろうな、と思えてくる（ちなみに、こういう時のリゲティは『バック・トゥ・ザ・フューチャー』のドクに見えてしかたない、顔が似てるわけではないのだけれど）。

　こういう話し方をする人物が書いた文章だ、と思って「自問自答」を読むといよいよ彼の言葉は腑に落ちる。そしてそういう文章を書いた人物による音楽だと思って聴くと、彼の作品はますます魅力的に聞こえる。

＊　＊　＊

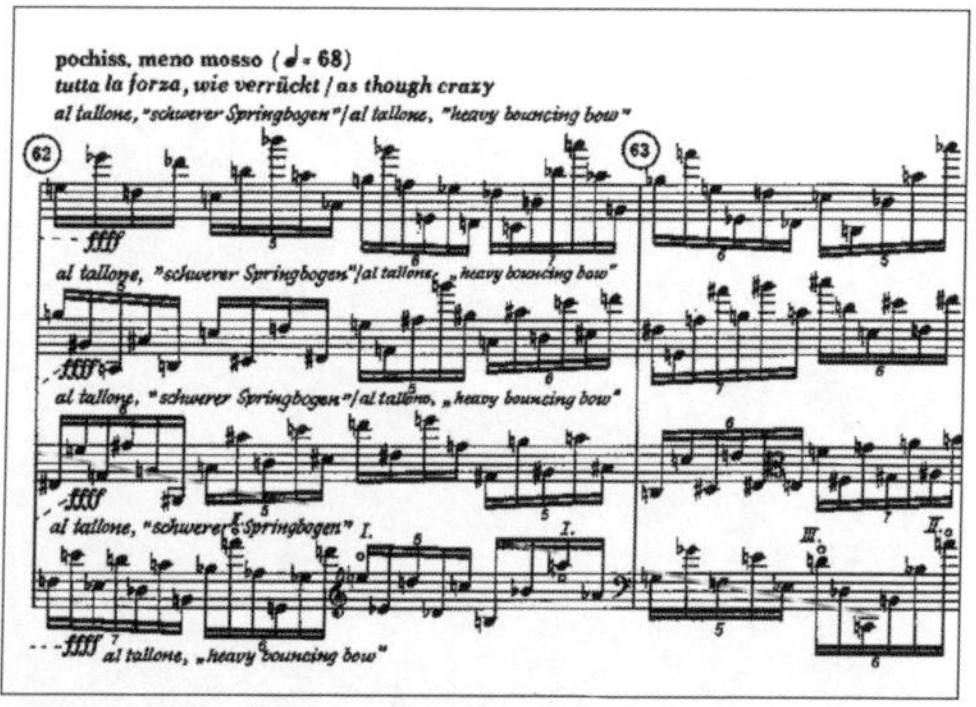

譜例　弦楽四重奏曲第２番第１楽章。
ffff の指示とともに「狂ったように」と記された跳躍音型

ブリュノ・モンサンジョンによる、ロジェストヴェンスキーへのインタビューを収めた新しいDVD[注2]も、そういう意味では極めて興味深かった。ある意味ではちょっと面白すぎる、というのが難点かもしれない。そもそもロジェストヴェンスキーは指揮をしていても、ちょっとあざとすぎるところがあって、筆者は時々ついていけなくなる。話をしても、もちろん聞き手を退屈させるような隙は見せない。話のネタができあがっていて、小芝居もあって、オチもあって、結構は完璧。そこに「赤いバトン」（最初のインタビュー作品）の場合のように、モンサンジョンの信じられないほど綿密な映像編集が加わる。たとえば馬蹄の音の話になると、馬の脚元が映り、しかもそれはロシア的な雪の道を走る白黒の時代ものの映像で、さらに問題になっている音楽のリズムに合わせて馬の駆け足のスピードは調整されているという具合。こうなると、もう映像が面白すぎて史実か虚構かといったことはどうでもよくなってくる。だが、ともかくソ連時代の想像を絶するような話は山ほど出てくるし、貴重な演奏の映像も満載だ。二〇世紀の音楽に興味がある人は絶対見逃せないはずである。

＊　＊　＊

ちなみに同じ「赤いバトン」で、ルドルフ・バルシャイが語る「ジダーノフ批判」後のエピソードはリゲティの話とも密接に関係している。一九四八年にジダーノフ批判に基づき、委員会が音楽院にやってきて、作曲家の学生たちの作品を検閲する、と発表された時、モスクワ音楽院の「全ての廊下で不幸な学生たちが全員窓辺に座って、自分の楽譜を膝に置き、作品から二度と七度の音程を消しゴムで消して、三度や四度に書き換えていた」のをよく覚えている、とバルシャイは語っている。リゲティはモスクワからは多少距離があったにしても、あのブダペストのリスト音楽院の廊下で、消しゴムを握っただろうか。彼はこのときまだ学生だったはずだ。少なくとも、自分の作品に出てくる二度や七度を書き換えるべきかどうかと悩んだことはあったに違いない、と筆者は推測する。

注1　一九八三年に出版されたインタビュー集、*Ligeti in Conversation*（Eulenburg,1983）という本に収められている。
注2　ブリュノ・モンサンジョン・エディション Vol.3：リヒテル、ロジェストヴェンスキー（EuroArts / King International　二〇一六年）。

Chapter 10

レビニッツの虐殺とバッチャーニ家

2016年10月号

コパチンスカヤに関するドキュメンタリー(*Über Patricia Kopatchinskaja*)がYouTubeに上がっている。正確にはアップされているのは、そのドキュメンタリーの予告編なのだが、予告編だけでも十分面白い。コパチンスカヤが裸足で枯葉を踏みしめ、そして土を掴む映像。そこに彼女の言葉がかぶる。「私は(演奏における)リスクも悪くないと思ってる。間違ったことをしてしまうかもしれないけれど、でもそれは間違っているからといって、汚くなんかない。本物の土と同じように。音楽で大切なのは、それが本物の土からできていること。どうすればそんなことができるのかは私もよくわからないけれど、でも肝心なのは、その音楽が私のなかから出てきたものであることなんだ。そうでないものは全部嘘っぱちよ。」そしてトウモロコシのひげを自分の鼻の下に当ててみせる。バックには彼女によるチャイコフスキーの協奏曲の演奏。

日本でもこのフィルムを放送してくれないものか、と思って何人かの人に提案しているのだけれど、今のところ反響ナシ。でも今回の主題はコパチンスカヤではない。

＊　＊　＊

右記のフィルムは映像の点でも秀逸だと思うが、監督はベーラ・バッチャーニという人物である。ベーラだからハンガリー系。そして東欧史に詳しい人なら「バッチャーニ」と聞いてピンとくるだろう。一八四八年、革命期の首相の名である。フランツ・リストの伝記を精読すれば、バッチャーニの名が出てくる。西ハンガリーの代表的貴族の家系で、ベーラはハンガリーではなくてスイス生まれだが、その末裔である。

彼にはサーシャ・バッチャーニというジャーナリストの兄がいる。今回書きたいのは、そのサーシャが書いた *Und was hat das mit mir zu tun?* という本[注1]のことだ。「で、それが私にどう関係すると?」というような意味である。これはある意味で稀有な本だ。そのことを説明するには、まず「レヒニッツの虐殺」というユダヤ人大量殺害事件について、知っておかねばならない。

レヒニッツというのは、ハンガリーとの国境沿いにあるオーストリアの村の名である。一九四五年三月二四日の晩、この村で約一八〇人のユダヤ人が殺され、埋められた。彼らは自ら穴を掘るよう命じられ、その穴の縁に服を脱いで跪かされ、そして撃たれた。死体は穴のなかに崩れ落ち、折れ重なった。その穴を埋めたのも何人かのユダヤ人たちだが、彼らもその作業を終えた翌朝、同じように射殺された。主犯とされているのはオーストリアに駐留し、当時レヒニッツにあった城でパーティを行っていたナチスの将校や軍属たちである。一九四五年三月といえば、ナチス側の劣勢はもうはっきりしており、ヒトラーが自殺するひと月前である。収容所の解放も始まっており、あと数週間でも生き延びれば解放されたかもしれないユダヤ人たちは、集団のなかにチフスに感染した者がいる、という理由で、全員が文字通り虫けらのように殺された。戦後、彼らの埋められた場所が捜索されたが、今に至るまで見つかっていない。

問題はその主犯格の将校たちが集っていた城である。この城はバッチャーニ家のものだった。当主はイヴァンと、その妻マルギット。パーティを主催したのはマルギットの方だったと言われている。彼女は、一時、ヨーロッパで一番裕福な女性と言われていた。というのも、実家はドイツの鉄鋼財閥ティッセン家で、父親は著名な実業家、美術収集家であったハインリヒ・ティッセンだった。つまりドイツの極めて裕福な実業家の娘が、ハンガリーの（多少落魄したとはいえ由緒の点では申し分のない）伯爵家に嫁いだわけである。

大戦末期、将校たちを招いてパーティをしていた席に、ちょうどレヒニッツに居たユダヤ人たちが発病したので「処分」せねばならない、という電話があり、客たちはパーティを抜け出して、手を下した。だが、本当はマルギットが首謀者だったのではないか、という噂は事件の直後から囁かれ続けれきた。彼女は狩猟が趣味で、銃を扱えた。派手好みで娯楽にふけるのが好きだったマルギットは、パーティの客たちと一緒に、ユダヤ人たちを「デザート代わりに」殺したのではないか、という推測が根強いのだ。

事実、この事件については不可解なところが多い。戦後、当然この虐殺は問題となり、関係者七人が起訴されたのだが、重要な証人が相次いで暗殺（と言って良いだろう）されたために、この裁判は難航した。当夜実際に武器を客たちに手わたした、とされる城の武器管理人は、森のなかで飼い犬と一緒に殺され、家も燃やされた。もう一人、納屋に隠れて虐殺から逃げ延びた人物がいたが、事件の約一年後に自動車で移動している際に、車を銃撃され、事故を起こして即死した。これらの件があって以来、レヒニッツの住人たちは虐殺のことを語らなくなった。報復を恐れたのだ。そして何人かは刑に服したが、主犯格の二人、SS隊長フランツ・ポデツィンとマルギットの愛人だったとも言われるハンス＝ヨアヒム・オルデンブルクは逃走した。ブルゲンラント州警察の推測するところによれば、彼らはスイスに移住したマルギットに匿われてルガーノあたりに潜伏し、さらにそこから南アフリカに渡った可能性があるとされる。心証からすれば、マルギットがこの虐殺にかかわった可能性は高いが、明確な証拠はなく、バッチャーニ家は利用されただけなのだという人もいる。結局彼女は戦後長くスイスで贅沢な暮らしを続けて一九八九年に亡くなっている。ユダヤ人の虐殺、ドイツの鉄鋼財閥、ハンガリーの伯爵家、ナチスの将校たち、そしてスイスでの優雅な晩年と南アフリカへの逃亡……ほとんどスパイ小説の道具立てだが、これはフィクションではない（いや逆に、推理作家たちの想像力は、現実にこういう人物たちが存在するところから刺激されたと見るべきだろう）。

＊　＊　＊

問題の書物の著者、サーシャ・バッチャーニは、マルギットの親戚である。サーシャの祖父の兄の結婚相手が、マルギットだった。サーシャの祖父一家も一九五六年のハンガリー事件に際して、ブダペストから兄夫妻を頼ってスイスに逃れ、チューリヒ近郊で質素な暮らしをしていた。そしてサーシャの子供の頃には、定期的にマルギットと一緒に食事をする習慣があった。だが、サーシャは「レヒニッツの虐殺」とマルギットがかかわっているかもしれないという噂については、何も知らずにいた。スイスで市井に紛れて暮らす両親に育てられ、大学を出てジャーナリストになり、記者として働くようになる。ある日、同僚が、あなたの家族のことじゃないの？　と言って持ってきた新聞に上述のレヒニッツの虐殺とマルギットの件がスキャンダラスに書きたてられているのを見て驚く。小さい頃、よく会っていたあの大伯母がユダヤ人虐殺にかかわっていた？　このあたり、試訳でちょっと紹介してみよう。

子供の頃、私たちは年に三度、マルギット伯母と一緒に、いつもチューリッヒの一番高いレストランで昼食を食べるならわしだった。父は、そこに行く前からイライラしていて、私たちの白いオペルのなかで次から次へとタバコを吸っていた。そして母は私の髪をプラスチックの櫛で撫でつけた。私たちはいつも彼女のことを「伯母《タンテ》マルギット」と呼んだ。「マルギット」とだけ呼びかけるなんてことは決してなかった。まるで「伯母《タンテ》」というのが称号でもあるかのように。彼女は、父の伯父と結婚していたが、この結婚は最初から災厄と言っていいものだった。マルギットはドイツの極めて裕福な家族、ティッセン家の出で、伯父はハンガリーの斜陽伯爵家の出身だった。彼女は背が高く、細い脚に肉付きのよい上背が乗っていた。私の記憶のなかでは、彼女はいつも喉元までボタンがとめてある上着を着ていて、そこに馬のモチーフの絹のスカーフが巻かれている。深紅の鰐皮に、金色の留め具がついたバッグ。そして彼女が鹿の発情期やエーゲ海のクルージングなどについて語る時、彼女は文の切れ目でトカゲのように舌なめずりした。私はできるだけ彼女から離れて座っていた。マルギット伯母は子供が嫌いだった。そして私は皿の中の仔牛のレバーのこま切れを選り分けながら、ずっと彼女を見ていた。私は彼女のあの舌が見たかったのだ。

彼女が亡くなってから、私たちはほとんど彼女について話をしたりしなかったし、あの昼食会の記憶もだんだん薄れていた。あの日までは。あのオーストリアの村での出来事について新聞で読むまでは。レヒニッツについて。あのパーティについて。撃たれる前に、より早く土に還るよう自分で裸にならなくてはならなかった一八〇人ほどのユダヤ人たちについて。そしてマルギット伯母について？　彼女がその真ん中にいた。

こうしてサーシャ・バッチャーニは事件について、そしてマルギットのかかわりについて調べ始める。彼は父親に事件のことを知っていたか、と尋ね、親戚に問い合わせ、ウィーンやベルリンの図書館で資料を読み、現場にも行って関係者に会う。本業が記者なので、かなり本格的な調査だ。一族にとっては、マルギットの話はほとんどタブーのようになっていて、父親はもちろん良い顔はしない。

「父さん、マルギット伯母と戦争のことについて話してみたことはなかった？」
「何をたずねて欲しかったっていうんだ？　ワインをもう少しいかが、マルギット伯母さん。ところで、あなたはユダヤ人を撃ったんですか、とでも？」
「そうだよ。」

「子供みたいなこと言うんじゃない。あれは儀礼的な訪問だったんだ。私たちはお天気について話をして、そして彼女は家族の誰かをこき下ろす。『腐った種』……彼女は、ティッセン家とバッチャーニ家の人間はみんな頭がどうかしている、と思っていて、そういう人物たちのことを話すときにはよくそう言ってた。『腐った種』。それが彼女のお気に入りの言い回しだった。お前はまだあの伯母さんの舌のことを覚えているかね？」

＊　＊　＊

もう一つ書物の縦糸になっているものがある。著者の祖母マリタが書き残した未出版の日記と、そして村で食料品店を経営していたユダヤ系の家族、マンドル家の娘、アグネスの日記だ。二人はレヒニッツではないが、シャーロシュドというハンガリーの似たような小さな村で同じ頃に子供時代を過ごしており、顔見知りだった。一方は瀟洒な邸宅に住む古い貴族の家柄で、もう一方はユダヤ系商家の娘だったとはいえ、二人はこの静かな村で、それぞれに幸せな少女時代を送った。しかし、戦争を境に、二人の運命は全く違うものになってしまった。アグネスは学生としてブダペストに暮らしていた時に捕らえられ、収容所に送られる。そしてそこを辛うじて生き延びて、今はブエノスアイレスで娘たちに囲まれて余生を過ごしている。マリタはマンドル家の人々を救えなかったことを悔やみながら、戦後の共産主義時代を生きた。サーシャ自身による記述の合間合間に、マリタの自伝とアグネスの日記が並列され、挟まれてゆく。その二つの文章は、だんだんかけ離れたものに、どんどん似ても似つかぬものになっていくにもかかわらず、ところどころで微妙に交錯する。その奇妙な絡まり方を生み出す磁場こそ、「時代」というものなのだろう。

＊　＊　＊

当初、著者の問いはマルギットが実際に手を下したのかどうか、という直接的なものだったが、調査を進めるうちにそれは次第に変質してゆく。そもそも当事者たちはほぼ亡くなっており、わずかな生き残りに当時のことを問いかけても返ってくるのは要領を得ない答えばかり。事件の証拠はほぼ消え去りつつあり、沈黙と闇が事件を覆い尽くしている。そして彼は自分に問いかける。私はなぜそんなことにこんなにこだわっているのか。子供の頃に何度か会った、というだけで、血のつながりがあるわけでもない、遠い親戚が犯したかもしれない罪について、それを暴きたてて何になるというのか。いったい私にとって、それがどういう意味をもつのか。

「彼」にとってレヒニッツ事件とは何か、ということを読み進めるうちに、我々は「自分」にとってレヒニッツとは何なのかについて、考えざるを得なくなる。彼は結局のところ、レヒニッツとたいした関係はない、と言い得るとすれば、それと同じ程度に、我々はレヒニッツに大いに関係がある、とも言える。たとえば筆者の親戚には軍医として外地から引き上げてきた大伯父夫妻がいたが、彼らは私にとってのマルギットだったとは言えないだろうか。あるいは私自身のなかにマルギットは、アグネスはいないだろうか？　こうして、我々は自分にとってのレヒニッツに、思いを巡らさざるを得なくなるのだ。

＊　＊　＊

オーストリアのノーベル賞作家、E・イェリネク（彼女の父親もユダヤ系だ）の戯曲「レヒニッツ（皆殺しの天使）」（二〇〇八年）は、まさにこの事件とマルギットを主題としている。[注2]筆者は翻訳で読んだだけだが、ほとんど改行のない息の詰まるような異様な文体で、事件の輪郭がおぼろげに浮かび上がる。極めて難解だが、その言葉はサーシャ・バッチャーニのある意味で素朴なアプローチも、私たち自身も、そしてイェリネク自身をも、鋭く突き刺す。

「……どれだけ掘られても、どれだけ深くても、どれだけ浅くても、歴史は沈黙する。あるいは歴史は絶え間なく語る、罪の誇りに満たされて、あの者とあの者とあの者ほど罪を犯した者はない、そしてかれらのことをわたしたちは語る、そしてわたしたちはその罪の一部をみずから背負う、いや、背負わない、結局のところわたしたちは当時は生まれてもなかったから、どうして罪を負わねばならない、だがわたしたちはわたしたちの罪を誇りに思う、そしてそれについて語る、罪の意味、それはあとでそれを語っていいということだから、そしてどんなに掘られても、沈黙しつづける、歴史は……」

注1　Sacha Batthyany, *Und was hat das mit mir zu tun?: Ein Verbrechen im März 1945. Die Geschichte meiner Familie*, Kiepenheuer & Witsch, 2016.

注2　エルフリーデ・イェリネク『光のない。』林立騎訳、白水社、二〇一二年、所収。

Chapter 11

クルターグ夫妻が弾くバッハ

2016年11月号

クルレンツィスとムジカエテルナによる《ドン・ジョヴァンニ》がようやく出るらしく、見本盤が送られてきた。早速聴いてみると、あまりに攻撃的なアクセントが飛び出してきて、思わず興奮して自分でも拍を振り下ろす仕草をしてしまった（一応お断りしておくと、ステレオの前で指揮の真似をする、というようなことは普段あんまりしないのだが、居ても立ってもいられなくなったのだ）。それ以来、肩から首にかけて、むち打ちのような症状が出て、すっきりしない。これはどうも体に良くない、ということがわかって、それ以来ちびちびとしか聴かないようにしている。危険な録音だ。

＊　＊　＊

今回はその対極にあるような音について。クルタークによるバッハ作品の編曲をクルターグ夫妻が弾いている、という演奏について書いておきたい。

まずはクルタークという作曲家について基本情報を押さえておこう。クルターグ・ジェルジは、一九二六年にルーマニアのルゴジという街に生まれた。トランシルヴァニアの中心都市、クルージ・ナポカから西に約二七〇キロあたりに位置する、なかなか瀟洒な街だ。現在はルーマニアに属し、四万ほどの人口のほとんどがルーマニア系だが、第一次大戦まではハンガリー領で、ハンガリー語話者、ルーマニア語話者、ドイツ語話者が街の人口を三分していた。その頃の名はルゴシュ。ドラキュラを演じて有名になったベラ・ルゴシは、この街に生まれたハンガリー系の俳優で、苗字ルゴシは街の名から取られた芸名である。

クルタークの母語はハンガリー語で、ユダヤ系である。クルタークの生家を見に行ったことがあるのだが、その門の上にはメノーラー（七枝燭台）を表しているとおぼしき扇型の模様が彫られていた。ハンガリー語を話すユダヤ系ルーマニア人という出自は、クルタークの三年前（一九二三年）にトゥルナヴェニで生を享けたリゲティと同じである。トゥルナヴェニとルゴジとの間は二五〇キロ、車で行けば三時間半くらいの距離だ。そして、二人は第二次大戦直後のブダペスト、リスト音楽院でクラスメイトとなり、以来親友となる。しかし、パーソナリティはほとんど対照的だった。エネルギーと好奇心に満ち満ちて、常に貪欲にあらゆるものを吸収

クルターグが生まれたルーマニアはルゴジの街

クルターグの生家。門の上にはメノーラー（七枝燭台）を表していると思われる扇型の模様が

してゆくリゲティに対して、クルターグは内気で繊細で過敏で自己批判が強かった。そのせいか、クルターグは寡作で、一時は全作品を合わせても九〇分にも満たない、といわれたほどだった。しかし、体制転換の頃を境にして寡作ぶりは多少緩み、第七章でも触れた《コリンダ・バラダ》のような重要な作品も生まれている。かつては「いつまでもバルトークの亜流みたいな音楽を書いている」というような批判をする人もいたようだが、進歩史観的な見方が無効になってみると彼の作品の純度は誰の目にも明らかであり、次第に広くその価値を認められていった。また、彼は若い頃からピアニストとしても知られており、母校リスト音楽院では長くピアノと室内楽の教授だった。

近年、クルターグがしばしば取り組んでいるのは、夫人のマールタとの連弾である。夫人とのデュオ・リサイタルのプログラムは、クルターグ自身のピアノ小品集《遊び》からいくつかの作品を選び、その間にこれもクルターグ自身の編曲によるバッハの曲を挟んでゆく、というもので、これはほぼそのままのかたちで、ＣＤになっている（写真）。

＊　＊　＊

《遊び》という曲集は、以前全音から日本版も出版されていたので、ピアノの関係者ならご存知の方も多いかと思うが、一応これについても確認しておこう。クルタークは前述のとおり、極めて寡作だったが、一九七〇年代はじめにハンガリーのピアノ教師、マリアンヌ・テーケに子供のための小品を書くよう依頼される。頼まれてから三年ばかり彼は何も書けずにいたのだが、ある時突然二〇〇曲ほどを書き下ろし、これが《遊び》のきっかけとなった。一九七九年に最初の四巻が出版され（このうち第四巻は連弾または二台ピアノ用）、一九九七年には第五、六巻が、二〇〇三年には第七、八巻が出版された。右記のとおり、子供のための作品として書き始められたが、後年、副題に「日記、個人的メッセージ」と付け加えられるようになり、当初の入門的性格は

クルターグ：《遊び》と
J.S. バッハのトランスクリプションより
〔花、私たちはただの花……（…そして音を抱擁する），J.S. バッハ：コラール《深き淵より，われ汝を呼ぶ》BWV.684（ヨアンニシュ・ピリンスキー追悼），前奏曲とコラール，結節，交唱嬰へ調，挽歌Ⅰ　クリスティアン・ヴォルフ讃（うたた寝しながら），J.S. バッハ：カンタータ第106番《神の時は最上の時なり》～哀悼行事のソナティナ，同：トリオ・ソナタ第1番変ホ長調 BWV.525～第1楽章，他〕
マールタ＆ジェルジ・クルターグ（p）
〈録音：1996年〉

薄れてゆく。それはむしろ日々のアイディアや、作曲のためのスケッチを書きとめるもの、あるいは知り合いの誰かを追悼する目的で書かれた作品を括る緩やかな枠、と捉えられるようになっていったとみて良い。その書法は独特で、一見単純に見えて、実はとても要求の多いものだ。おそらく適切なガイドなしには理解し難い。

まずリズムの点で、《遊び》に収められた小品の多くは一定の拍子を持たず、小節線も全くなかったり、あるいは不規則な小節線が点線で示されていたりする。また個々の音も、黒丸（短め）や白丸（長め）だけが置かれていて、はっきりした長さ（つまり八分音符なのか、四分音符なのか）がわからない、ということが多い。時には、それらの音符の上にフェルマータのような印があって、これは音を長く保つことを意味するが、それをどれくらい長く保つのかは明確には指示されていない。これらは一見ラフな指示で、演奏家が好きなようにやれば良いのかというと、おそらくそうではなく、クルターグはその状況に相応しい長さを探り当ててほしい、と考えているようだ。その相応しい長さは、演奏の場や聴衆の数、楽器、前後関係などによって変わってくるので、単純には決められない。演奏者が感度を一杯に上げて、思い通りの音が出せる技術を得て、そしてその場にしかない「間」を感得し、それを表現することが求められている。だとすれば、それはあらゆる良い演奏、優れたパフォーマンスの条件と同じであって、あるいはそのような条件だけが純化されている分、難しいと言えるかもしれない。

音高についても、クルターグの表現は独特だ。しばしば彼の楽譜には、通常の音符の五倍ぐらいの大きさの黒丸がグルグルと書き込まれている。これは、その音高あたりの複数の鍵盤を叩け、という意味だ（つまり「クラスター」）。あるいは下のドから上のファまで、直線がのびていたりするが、これはその間の鍵盤の全てを、肘や手のひらで押せ、という意味である。また、空手のように、手の横を使ってチョップしたり、という意味である。これらについても、子供のように鍵盤にいろいろな触り方をして鍵盤に身体を馴染ませる、という意味もあるようだが、そう思って油断していると彼が要求する「クラスター」の多くはとても繊細なもので、無邪気な子供が手当たり次第に鍵盤を押したり、叩いたりする、というようなものでは全くなかったりする。つまり、美しく、適切なクラスターと、不適切で乱暴なだけのクラスターがあるのだ。

クルターグに直接指導を受けた人たちは口をそろえて、彼がピアノのタッチ、あるいは音を聴くということに異常に敏感で独特の感覚を持っているという話を伝えている。ピアニスト北住淳さん（愛知県立芸大）は、ハンガリー留学時代、リスト音楽院で室内楽の教授をしていたクルターグのレッスンを受けたときの話を教えてくれた。シューマンのピアノ五重奏を持っていったそうだが、一通り演奏した後、最初の変ホ長調の和音（弦楽器四本とピアノが揃って奏する）に立ち戻る。だが、その最初の和音一つにどうしてもOKが出ない。「自分の出している音、お互いの音をよく聴いて」と言われて、何度も弾き直し、さらに今度は低音から一音ずつ積み重ねていって、そのバランスや音程を徹底的に直されているうちに、ついに一コマのレッスンが、この和音一つで終わってしまったらしい。

＊　＊　＊

たとえば、《遊び》を代表する作品でもある〈花は人……〉。このタイトルは、《遊び》第一巻の冒頭にモットーのように記された音符に付された言葉でもある。このモットーはクルタークの《ペーテル・ボルネミサの言葉：ソプラノとピアノのための》作品七からの「花、花、人間は……（Virág, virág az ember.）」という一節に由来する。ペーテル・ボルネミサとは、一六世紀のハンガリー最初のプロテスタント作家、説教師である。「花は人」または「人は花」とは、人間の死すべき存在としての儚さと、そしてだからこそ一層うかびあがる生きることの尊さや美しさという両面を示す言葉なのだろうと思われる。このタイトルが付けられた作品は、曲集のいろいろなところに現れ、曲集全体をつなぐ糸のような役割も果たしている（左ページ譜例）。

この曲では、ピアノの白鍵のドレミファソラシの七つの音が、不思議な順番で、音域を変えて、一度ずつ現れるだけである。譜例に挙げたのは、連弾バージョンで、そうなると第一ピア

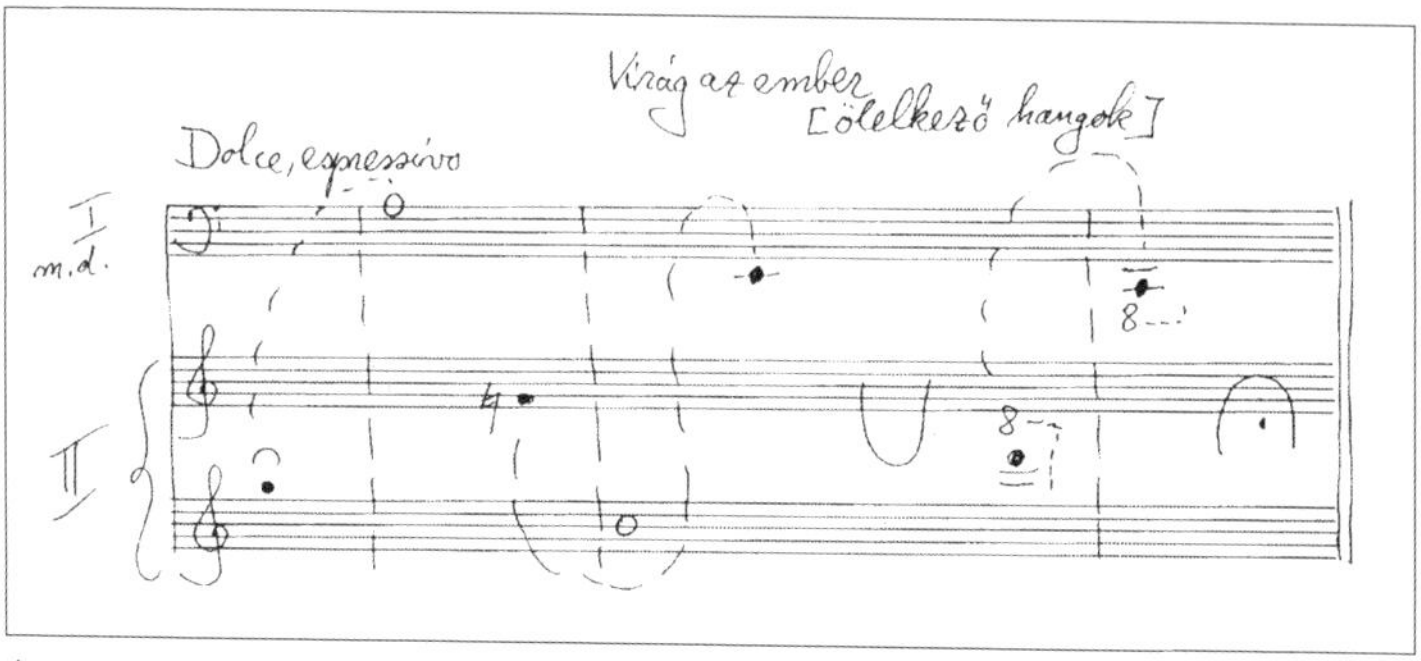

（ECM New series〈ECM1619〉453511-2 より）

ノは三つの音しか弾かない。もちろん単純と言えば単純な曲だが、楽譜を睨んでいるといろいろなことを考えさせられる。前述のとおり、音の長さはあまり厳密には規定されていない。白い音符（長めの音）と黒い音符（短めの音）があるだけで、何拍と数えられるわけではない。そこにフェルマータのような記号が付いていて、「より長く保つ」とか「少しだけ長く」というような暗示が加わる。さらにいくつかの音はスラーのような点線で結ばれていて、何らかのアーティキュレーションを示していると考えられる。おまけにやはり点線で示された小節線のようなものもあって、アウフタクト的な役割を持つ音もあれば、そうでないものもある。またある種の身体性も盛り込まれていて、低い音は右手で、高い音は左手で弾くように書かれている（つまり手は交差する）。連弾では右側に座る第一奏者の右手で低い音が弾かれ、第二奏者の左手で高い音を弾かねばならないので、二人はほとんど抱擁しあうように絡み合うことになる。一見、初心者向けとも見える作品だが、こういう全ての指示をふまえて、限界まで小さい音で説得力をもって弾くのは至難の業だ。一つの小さな音から発して、それが次第に花開き、大きな成熟を経て、静謐のなかに閉じられてゆくさまは、「音楽」というもののエッセンスを聴いているような気がしてくる。

＊　＊　＊

クルターグ夫妻がこれを弾いている様子はYouTubeでも見ることができる（二〇一二年にパリで行われた演奏会のようだが、これが権利関係をクリアしているのかどうかわからないのでURLはあげない）。そして一時、見ることができたのは、夫妻がバッハの編曲を二〇一五年暮れに演奏したものの録画で、これはちょっと言葉を失うほどの映像だった。何の飾りもない木の壁と床の部屋にアップライトピアノが蓋を開けて置かれていて、夫妻が座っている（近年夫妻は演奏会でもアップライトを使っているのだが、そのアップライトには「スーパー・ソルディーノ」というペダルがついているらしく、その音は弱く、こもっている）。

一曲目はオルガン小曲集に収められた《古き年は過ぎ去り》BWV六一四の編曲。旋律と、狭い音域で重なり合う中声が二つ、そして低音のペダルという四声でできた曲だが、クルターグはこのうち旋律を第一奏者の右手に、そして低音を左手に充て、第二奏者が中声を担当する。さらに第二奏者は左手で高い方の音を弾き、右手で低い方の音を弾くよう書かれているので、左右の手は交差する。つまり第二奏者は自ら手を交差させながら、第一奏者の右手と左手の間に挟まれる形になる。そして今回、映像を見てはじめて気付いたのだが、第一奏者の左手は、第二奏者の交差した腕の間に挟まれているのだ。言葉ではわかりにくいけれど、要するにこの曲は二人の腕が絶望的に絡まり合っている状態で弾かれることになる。しかも音楽は半音階を多用した極めて謎めいたもので、バッハがワイマールの牢獄で書いた、という話まである（真偽のほどはバッハの専門家にお任せしたいが）。一見、仲睦まじい老夫妻が合奏している映像なのだが、本当は人間というものの深淵を覗くような音楽だ。『羊たちの沈黙』のレクター博士が、グールドの《ゴルトベルク》の次に聴き入る音楽があるとすればこういう演奏だろう。

二曲目は《クラヴィーア練習曲集》第三巻に収められていたデュエット第四番ト長調ＢＷＶ八〇四の編曲。これも何気ない二声の小品だが、凝った作曲である。クルタークの編曲では二声をそれぞれオクターヴ重ねることで四手用にしている。二人の絶妙の掛け合い（肝心のところでは、ジェルジの方が微かにマールタ夫人を見やるのがわかる）、そして一小節の長さのフレーズが重なって次第にクレッシェンドしていくときの音楽的な視野の広さが見て取れる。

そして三曲目は教会カンタータ《神の時こそいと良き時》ＢＷＶ一〇六の第一曲〈ソナティナ〉を編曲したもの。おそらく葬儀の時に演奏されるカンタータだが、第一曲は、笛二、ガンバ二、通奏低音という編成で、この笛二本を夫人が担当する。この笛はほとんどユニゾンで動き、ところどころが掛け合いになったり和音になったりする、という不思議な動き方をするのだが、クルターグの編曲ではオクターヴ隔てて重ねられていて、これが夫人の演奏では魔法のような響きになる。第一奏者の左手（ここでも手が交差しているので、左手の方が一オクターヴ高い）は信じられないほどの弱音で、ほとんど音色的な要素でしかないのだが、時折その上の音だけが聞こえてきて、これが切ない。そしてクルターグの弾く和音は、弦楽器のアタックのないボウイングの音にしか聞こえない。それがほんの少し、微妙にテンポを前後に揺らし、ほんの少し音量を増したり減じたりしながら、音楽を導いていくところは何度聴いても感嘆するほかない。これも間違いなく、現代における音楽の極北の一つだろう。

Chapter 12

補遺をいくつか

2016年12月号

もう一二月。この連載も一年経った。これまで書いてきたことについて、いただいたお便りのことやら、その後の補遺などいくつか書きとめておこう。

＊　＊　＊

七、八月号（第七、八章）のこの欄でシンデレラの靴とコリンダの跛行リズムとの関係について書いたのだが、掲載後すぐに読者のお一人から激烈なメールをいただいた。ご本人の許可を得たので、ちょっと引用してみよう。

実は、私は、昔話のグリム童話の解読や、ホメロスの『オデュッセイア』やヴェルギリウス『アエネーイス』、ダンテ『神曲』等々の西洋大古典の解析から、跛行に付与された途轍もない重要性を意識かつ深く確信しております。グリム童話では、跛行や歩行不全、足の欠損が、あれこれ変奏されたかたちでですが、極めて意図的におびただしく装填されています。先生が言及されていたシンデレラ(灰かぶり)も、もちろんその一つです。

『オデュッセイア』は、次元移動となる越境時点で主人公や寝台の脚の異常等が反復され(足の異常なアキレスをめぐる『イリアス』もですが)、ダンテも、越境地点(絶壁)にやって来るとなぜか脚が止まる。その障壁を脚の変則である飛行(跛行の別形態です)でのりこえていく。

『アエネーイス』等は、歩行不能の父を背負う脱出(脚萎え・跛行)にはじまり、太ももに毒矢を受けた主人公の危機(脚不能、死の危機)、その快癒と勝利で幕を閉じる。あからさまなつくりです。村上春樹の『1Q84』もそれらを継承しています。

あまりにも核心を突いた反応で驚いた。これは大変と思って調べてみると、メールの送り主、高橋吉文さんには『グリム童話 冥府への旅』(白水社、一九九六年)という著書があるようだ。迂闊にも筆者はそれまで知らなかったので、早速読んでみた。これは大変な本である。「本当は怖い○○童話」という類の本は数多いが、もちろんそういうものとは次元が違う。右の話は、主に第四章「異界への扉を開く」で展開されている。この章の目次を見るだけでも「足がおかしい」「古代跛行めぐり」「シンデレラとは足のない乙女」「ヘルメスの黄金の鍵」と並んでいてぞくぞくしてくる。筆者が書いたことと完全に符合しているのだが、こちらはほとんど本能と直感だけですませていたところが、グリム童話という具体的テキストに即して実証されている。特に、異界に踏み込むとき、あるいは異界から帰るときにしばしば異常が生じる「脚」は、その異界（ないし大地）へと差し込まれた「鍵」なのだ、という発想は、筆者には全く新鮮な発見だった。

＊　＊　＊

同じ本の第三章では、グリム童話の多くの物語が、死界への下降と新生への上昇というV字形のプロセスをたどっている、ということが書かれている。受け売りだが、たとえば「花を咲かせたがらなかった小さなキャベツ」というフランス民話の場合。花を咲かせたがらなかった小さなキャベツがアントワネットに水をやるように頼む。アントワネットは「散歩の方がいいな」と断ると、今度は子犬に向かって、アントワネットのふくらはぎに噛み付いてくれ、と頼む。子犬は「骨をしゃぶっている方がいいな」と断ると、今度は枝に向かって頼み、次に火に向かって頼み、といろいろなものに順に頼むがすべて断られる。最後に死神にたどり着いて死神が「はいよ」と引き受けると、全てが反転し、今度は順に皆が頼みを聞いてくれて、ついにアントワネットが小さなキャベツに水をやり、「すると小さなキャベツは花を咲かせはじめ」る。この可愛らしい物語は次ページの図のように図式化される（同書一二〇ページより）。

つまり物語の前半では依頼は全て否定され、それが七度反復され、死神に向かって下降していく。死神という下限点に到達すると、物語は反転して上昇に転じ、全てが応諾されて、結局花を咲かせないキャベツは花を咲かせるキャベツへと逆転する。著者の高橋さんは、こうした「V字プロセス」は、オルフェウスの冥界めぐり、ヴェルギリウスの『アエネーイス』における冥界下り、ダンテ『神曲』の地獄めぐり、ゲーテ『ファウスト』、トーマス・マンの『魔の山』、ジョイスの『ユリシーズ』にいたる幾多の冥界行話型のものであり、「死と復活という、多くの神話やイニシエーション（通過儀礼）の基本形をなす、人類にとってほとんど普遍的かつ根源的な母型である」としている。ただこれまでの類型論に比べて、V字プロセスとして抽出された「型」は、上下運動と時間進行を明確に図示しており、「個々の要素の座標的意味や機能の力学的相互関係をより、記号的に、より対照的に、より明確に把握し、表現することが可能」だ。

とりわけ興味深いのは著者がここで音楽の例にも言及していることで、「ハイドンの確立した交

（－）花を咲かさぬ小さなキャベツ
アントワネットちゃん
子犬
枝
よ　火
だ　水
や　牡牛
い　肉屋
【死神】
肉屋
よ　牡牛
い　水
は　火
枝
子犬
アントワネットちゃん
（＋）花を咲かす小さなキャベツ

響曲や弦楽四重奏曲という音楽形式」もこういったV字プロセスの一例だ、とされる。

＊　＊　＊

たしかに「ソナタ形式」は、何かが提示され、一旦遠くまで行って、また何かへと戻って来る、という点ではV字プロセスに近いところもあるとは思うが、上下運動や対称性などの点はそれほどはっきりしない。筆者などは、むしろ先の図を見ると、バルトークの《弦楽器、打楽器とチェレスタのための音楽》第一楽章の構造が真っ先に思い浮かぶ。

それは一種のフーガなのだが、ここではa音に始まる主題が、第二の入りでは五度上で、第三の入りでは五度下に、という具合に移調されながら積み重なって行き、最初のa音から五度圏で一番遠くにあ

図1　バルトーク：弦楽器、打楽器、チェレスタのための音楽 第1楽章

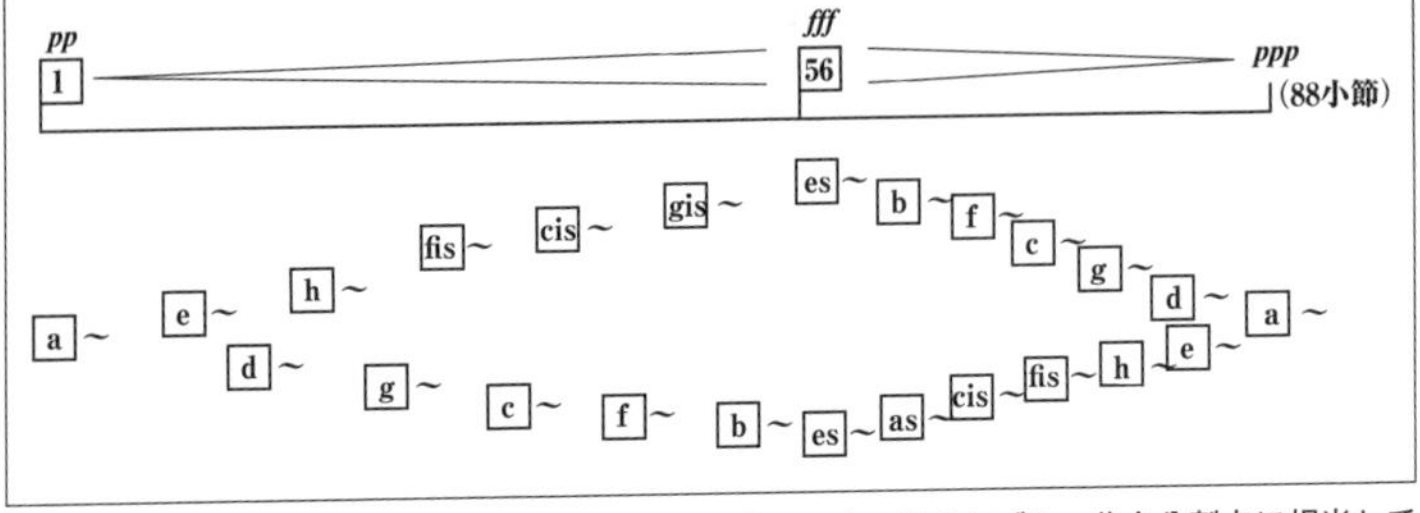

全体（88小節）に対して、クライマックスが真ん中より少し後ろにずれ、黄金分割点に相当している、というのが有名なE.レンドヴァイによる理論である

るesに到達したところで反転し（文字どおり主題が転回形で現れる）、以下五度ずつ移調されながら元のaに戻って終わる。音量的にも、*ppp*から始まり、クライマックスで*fff*に達して、また*pp*へと静まっていく。図式化すると図1のようになる。

この図と先ほどのV字プロセスとの類比は明らかだろう。「ソナタ形式」でははっきりしない下降と上昇というイメージは、ここにある程度反映されているし、極点に到達した後、何かが逆転する、という点も、実際に主題が転回形で現れる、という形で確認できる。

面白いのは、この曲の主題のリズムで、それは八分の八拍子、七拍子、一二拍子などの交代で書かれているのだが、実際には八分音符三つを基本単位とし、そこにランダムに八分音符二つの単位が挟み込まれていく、というものであり、バルトークが「コリンダ」（ルーマニアのクリスマスの歌）で発見した特殊なリズム法とほぼ同じものなのだ。七、八章で主張したのは「シンデレラ」のような冥界行きの物語に隠された跛行のテーマと、

「コリンダ」の跛行リズムとは、来訪神をめぐるさまざまな儀礼を介して繋がっているのだ、ということだったのだが、《弦楽器、打楽器とチェレスタのための音楽》は（おそらく意識的なものではないにせよ）その両方（つまり冥界行と跛行リズム）に触れた作品だということになる。

＊　＊　＊

第九章ではリゲティについて書いたが、彼の著作集を読んでいて次のような文章に行き当たった。

いつだったか、新年の頃に、ヴァイオリンとバグパイプを弾く乱暴な楽師たちが、私たちの家の庭先に押しかけてきたことがある。そのうちの一人は角の生えたマスクをつけており、口の代わりにクチバシみたいなものをつけており、山羊の毛皮を羽織り、まるで山羊の魔物のように見えた。シャーマン的な魔術の伝統はルーマニアの羊飼いたちの間ではまだ衰えておらず、トランシルヴァニアにはちょうど西アフリカで見られるのと同じような森の精神が生きていた。その「山羊」は、しばらくそこらを飛び回り、女たちにいやがらせをしたり、子供たちを脅かしたりし、そしてマスクをぐいとずらして、お金を要求した。

リゲティが語っているのは、ルーマニアの「カプラ」と呼ばれる習俗のことだろう。これもクリスマスから新年にかけて、ケモノの皮をまとい、鳴り物をもって、村の家々を回る儀礼で、「カプラ」は山羊のことだが、今では山羊ばかりではなく熊や鹿などさまざまな動物に仮装する。主に若者が行い、迷惑であっても彼らを手厚く迎えれば、新年の豊作や幸せが約束される。もちろんこれも来訪神複合《コンプレックス》の一例だ。リゲティの記憶の奥に、こういう民俗的儀礼が残っている、というのは、結構重要な話なのではないかと思う。

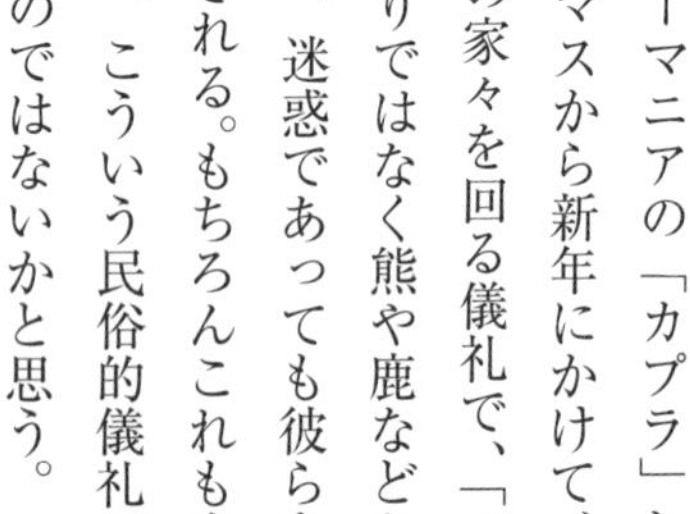

「カプラ」の様子が描かれている切手

＊　＊　＊

そのリゲティの、特に亡命以前の作品群は、バルトークの影響をまだ濃厚に残している。影響どころか時として不気味なほど似ているものもある。亡命後、六〇年代の作品も、表面的には全く違う響きがするが、コンセプトまで還元するとやはりまだその影響を脱していない。

例えば一九六六年のチェロ協奏曲第一楽章は、クラスター的響きを主軸とする初期のリゲティに典型的な作品の一つである。それは独奏チェロのe音だけで始まり、次の音が現れるま

図2　リゲティ チェロ協奏曲 第1楽章

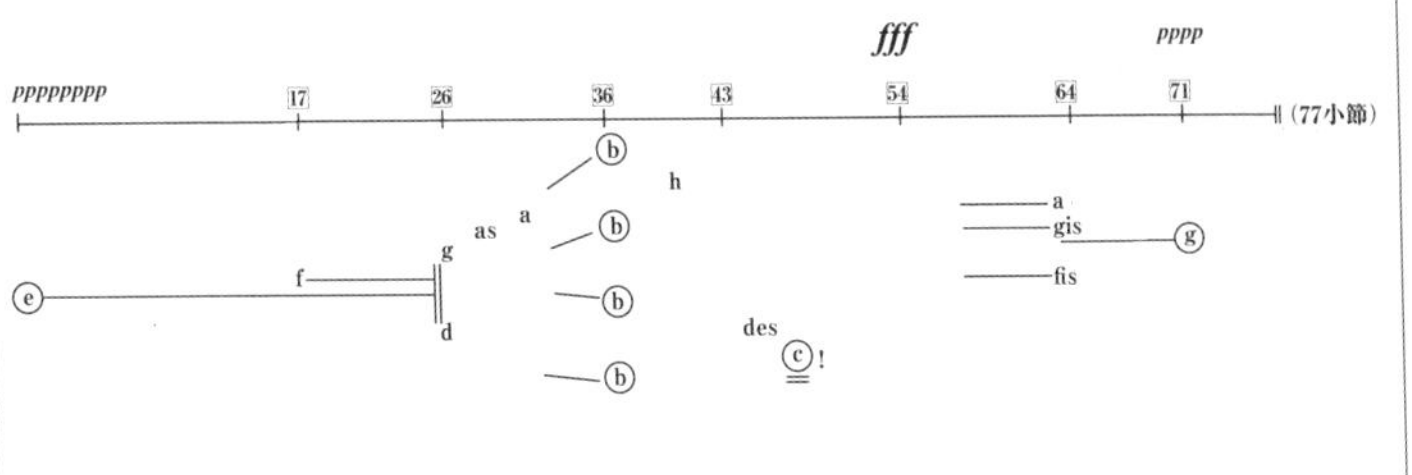

図1における黄金分割について、バルトークが意識的に操作していた、というのは疑わしい。しかし、リゲティはこの理論を、リスト音楽院時代に同僚だったレンドヴァイから聞いていたはずで、初期の作品でかなり意識的に黄金分割（あるいはそれと関連するフィボナッチ数）を用いて作曲していた痕跡がある。ここにもあるいはそれを読み取ることができるかもしれない。図中のⓒ！は、e音から始まったこの曲のピッチのリストが、このCの出現によって12の全ての半音に及ぶことを示している。

でに一六小節もかかる。といってその間に何も起こらないわけではなく、音高以外の点では音量や音色の点でさまざまな変化が生じる（いや、音高の点でも、実際には純正律の低めのeと、平均律的な高めのeがぶつかってうなりが生じたりする）。その後次第に多くの音が現れ、積み重なってクラスターとなるが、開始のe音から減五度離れたb音が現れるところで音響は一変し、すべての楽器がb音をさまざまな音域で奏する「虚世界」的なものになる。その後、c音が現れて、ようやく一二半音がすべて出現し、音楽はクライマックスを迎えるが、そこからは思いがけないほど急速に音が減っていって、最後は独奏のチェロがg線の第一五倍音のfisまで駆け上り、一方コントラバスの低いgの音が残る。図式化すると図2のようになる。

この図と、先ほどのバルトーク作品の図、あるいは、V字プロセスの図とが、いくらか呼応していると思うのだが、どうだろう。特に単音から始まって、減五度関係の音に到達したところでイメージの反転が起こって同じ音がオクターブで重なった（マーラーの交響曲第一番冒頭のような）空虚な響きになるあたり、この「冥界行」の文脈からすると、そこに示されているのは「異世界」だと言ってしまいたくなるのだが。リゲティの作品には、この種の図式に還元できる楽章がほかにもあり、どうもこれが初期のリゲティのオブセッションだったという気がするが、そのあたりの話はまた別の機会に。

Chapter 13

ヴァイオリニスト数題

2017年1月号

秋にイザベル・ファウストがベザイデンホウトのチェンバロと共演してバッハを弾くのを聴きに行った。彼女ほどのヴァイオリニストが、今も研究を怠らず、新しい奏法を開拓して、真っ向からバッハに取り組んでいるのを聴いて（そしてそれが苦行ではなくて、みずみずしい音楽の喜びと少しも矛盾していないのを見て）、背筋が伸びる思いのする演奏会だった。

そのイザベル・ファウストが、ジョヴァンニ・アントニーニ指揮、イル・ジャルディーノ・アルモニコとともにモーツァルトのヴァイオリン協奏曲五曲などに取り組んだ新盤が出たので聴いてみた。これもやっぱり素晴らしい。

＊　＊　＊

イル・ジャルディーノ・アルモニコをはじめて見たのは、もう一〇年ほど前になると思う。舞台に現れたメンバーたちの伊達男ぶりにちょっとびっくりしたのを覚えている。以前の古楽器奏者たちには、なんとなく古城に住んで地下で良からぬ実験でもしていそうというイメージを持っていたので（すみません、偏見です）、ピリオド楽器奏者もイタリアになるとこんなに外向的で、演奏会が終わったらすぐにでも誰か口説いていそうな人がやるのか、と驚いたのだ（これも偏見です）。たしか演目は《ブランデンブルク協奏曲》だったと思うが、もちろん演奏は目がさめるような出来だった。

彼らもその後いろいろ変遷を経ているようだが、現在は二〇三二年完結（！）というハイドンの交響曲全曲録音などにも取り組んでいて、その活動は充実しているようだ。このモーツァルトの録音も、十分鋭角的なのだけれど、最終的にはどこか艶っぽくて、威嚇的にはならないあたりが、彼らの個性となっている。そしてこのアンサンブルと、イザベル・ファウストの真っ当な美しさとを組み合わせるというのは絶妙の配合だと思う。

モーツァルト／ヴァイオリン協奏曲全集
〔ヴァイオリン協奏曲第１番変ロ長調 K.207，ロンド 変ロ長調 K.269 (261a)，ヴァイオリン協奏曲第２番ニ長調 K.211，同第３番ト長調 K.216a，ロンド ハ長調 K.373，ヴァイオリン協奏曲第４番ニ長調 K.218，アダージョ ホ長調 K.261，ヴァイオリン協奏曲第５番イ長調 K.219〕（※カデンツァ：すべてアンドレアス・シュタイアー作）
イザベル・ファウスト（vn）
ジョヴァンニ・アントニーニ指揮
イル・ジャルディーノ・アルモニコ
〈録音：2015年３月，2016年２月〉

譜例　第１楽章推移主題の動機部分ａのうけわたし

＊　＊　＊

たとえば有名な第五番《トルコ風》。ヴィブラートは控えめで、音は短めというピリオド奏法が基本だが、それで響きが枯れるわけではなく、むしろほかが短く控えめな分、時折現れる長い音や豊かなヴィブラートがとても大きな意味を持って、音楽はより多彩になる。第一楽章の推移主題（譜例）のａのような動機で、付点四分音符が短くならずに中膨らみ（しかもノンヴィブラート）で強調されるところなど、とても印象的で、さらにこれが各楽器に受けわたされていくところは何度も聴いてみたくなる。

第二楽章は可憐なアダージォだが、昔、中学か高校生の頃、ヴァイオリンでこの楽章をさらっていて、どうしてもうまく弾けなかった記憶がある。両端の楽章もどちらにせようまくは弾けないのだが、それはまずは指が回らないとか、弓がうまくコントロールできない、といった技術的な問題が先だった。第二楽章が弾けないのは、技術というよりは、もう少し解釈寄りの問題だ。澄んだ調子の主題に始まるわりに、これは翳りの多い音楽である。展開部はほとんどが短調に支配されている。やっと主題が再現した、と思うと、もう一度暗い部分が来る。

主題がふわふわと漂うような音楽なので、これを旋律らしく聞かせようとするとテンポが遅くなる。遅くなると、いくつかの暗い部分で音楽が深刻になって、音楽が重くなり過ぎる。当時はそんなに自覚的に考えていたわけではないけれど、今から思えば、そんなことを漠然と感じていたのだと思う。一体どういう表情をつけて、どんなテンポで弾いたらいいのか、皆目わからなかった。

この録音では、その主題は基本的にスタスタと早足で、余計な思い入れなどなく奏される。そしてこれが四拍子ではなくて二拍子であることがはっきりと示されている。このテンポで、そして二拍子だからこそ、展開部の翳りから、再現部に向かうところの夕映えみたいな弦とオーボエの絡まり合いが活きてくる。イザベル・ファウストの清潔な演奏はここでとりわけ魅力的だ。

そして第三楽章。〈ロンドー〉というフランス風のタイトルで、主部はギャラントなメヌエット。中間部が短調の二拍子になって突然表情が険しくなる。そして問題の「トルコ風」の楽句が来るのだが（本当は「トルコ風」というよりも当時のハンガリーの募兵《ヴェルブンコーシュ》の踊りを模しているのだ、という議論もある）、自筆譜を見ると、ここでモーツァルトは低弦に coll'arco al roverscio（弓を逆さまにして弾く）とわざわざ書いていて、これは今でいう「コル・レーニョ」だ。さらにたたみかけるように次の八小節では半音階に crescendo と言葉を書き足していて、その譜面を見るだけでも、この部分が当時にあっては相当念入りに「異常さ」を演出されたものであったことがわかる。ザルツブルク大司教、コロレド伯の宮廷音楽として書かれた、本来なら他愛ないはずの音楽に、ここまで濃厚な表現が盛り込まれていることには、今更ながら驚かされる。

この激しい打撃音について「ここで打擲されているのは誰か？」とブックレットの解説者は問うている。モーツァルトがやがて逃れることになる宮廷社会の制約の象徴、コロレド伯自身にモーツァルトが暗に反旗を翻しているのだ、と言いたいらしい。

こういうところはやはりピリオド楽器の独壇場で、バシン、バシンと木が鳴る音でアクセントが刻まれてゆくところは小気味良い。今ならもっと強烈な表現をする団体もあるだろうが、イル・ジャルディーノ・アルモニコの場合は、乾いた荒々しい音になる直前でコントロールされていて、響きにどこか潤いがある。

＊　＊　＊

この録音のもう一つの聴きどころは、今をときめくフォルテピアノ奏者、アンドレアス・シュタイアーが書いたカデンツァだ。シュタイアーは、この課題にとても真剣に取り組み、注目すべき成果を生み出した。その多くはヴァイオリンの即興に主眼をおくというよりも、より慎重に、しっかり組み立てられたカデンツァである。シュタイアー自身の解説によれば次のようになる。

「モーツァルトが『ヴァイオリンも嗜むピアニスト』だったのだとすれば、『生まれついてのフィドル弾き』のような作曲家が書くものよりも和音の完全さと、明確に識別できる対位法的声部書法を弦楽器で実現しようとしたのではないか、と想像してみることができる。そんな考えに導かれて、私はここに書いた多くのカデンツァで、重音とポリフォニーを実験的に追求してみた。モーツァルトのヴァイオリン作品に、類似するものが見られないにしても。」

そして、これはたしかにイザベル・ファウストにはふさわしい、知的で、構築的なカデンツァになっている。

＊　＊　＊

筆者の知人は、もう生きているヴァイオリニストのなかでは、コパチンスカヤとイザベル・

ファウストの二人がいてくれれば、あとは歴史的録音だけで良い、と言っている。それでは現役のほかのヴァイオリニストに申し訳ないので賛成とは言わないけれど、まあ気持ちはわかる。だが実際、そう悲観することもない。

同じ頃聴いた郷古廉のCDは、そんな意味でも頼もしかった。曲は、バッハの無伴奏パルティータとソナタのそれぞれ第二番。そしてバルトークのヴァイオリン・ソナタ第二番。郷古廉も昨年実演で聴いて、とても造形的で大人びた演奏に驚嘆した覚えがある。このCDでも大づかみな構造にぐいぐいと迫る若武者みたいな潔さがある。

バッハのソナタ第二番では、たとえば冒頭の〈グラーヴェ〉の末尾、いくぶん無理やりな重音のトリルの後、一呼吸置いて最後のeの音のオクターブとなるが、これをノンヴィブラートで何の衒いもなく投げ出すあたりに彼の魅力が凝縮している。〈フーガ〉や〈アンダンテ〉では、険しい重音をつかむ左手の強さが印象的だし、〈アレグロ〉では、弓の速さが目に浮かぶようだ。

バルトークのソナタでは、ピアノの加藤洋之にも圧倒される。加藤

J.S. バッハ：無伴奏ヴァイオリンのためのソナタ第2番，
同：パルティータ第2番，
バルトーク：ヴァイオリン・ソナタ第2番
郷古廉（vn）加藤洋之（p）
〈録音：2015年10月，2014年12月〉

さん（と呼ばせていただくが）は、キュッヒルの共演者としてベートーヴェンのソナタを演奏しているのを聴いて、こんなにスケールの大きい音楽を作り出すことのできる日本人ピアニストがいるのか、と驚き、その後筆者がアドヴァイザーをつとめる大阪のホールに何度か来てもらった。これまでに（やはり敬愛する）谷本華子さんのヴァイオリンとの組み合わせで、エネスクのソナタを弾いてもらったり、リサイタルで《ハンマークラヴィア》に挑戦されるのを目撃したりしている。《ハンマークラヴィア》演奏前に舞台に現れた時には、加藤さんはほとんど世界戦に挑むボクサーみたいに殺気立っていて、怖かった。そして演奏は壮絶だった。彼はハンガリー、リスト音楽院で学んだ人なので、バルトークはもちろんレパートリーの中心にある。

このソナタ第二番の演者については、筆者は二通りの幻想を抱いている。一つはピアノがバルトークで、ヴァイオリンがイェリー・ダラーニという組み合わせ。イェリー・ダラーニとは、ラヴェルが《ツィガーヌ》を捧げた女性ヴァイオリニストで、だが元々はバルトークの学生時代からの知り合いだった。バルトークは、第一次大戦後イェリーと再会し、彼女がすっかり大人の女性となって、しかも極めて魅力的なヴァイオリニストに成長したのを知って、大きな刺激を受け、ヴァイオリン・ソナタ第一番を書く。二人は一九二二年春、ロンドンやパリでこの新作のソナタを披露し、センセーションを巻き起こした。ラヴェルがイェリーと知り合うのは、おそらくこのパリでの演奏会の打ち上げの席だ（この話は、かつて拙著『バルトーク』［中公新書、一九九七年」にかなり詳しく書いた）。おそらくバルトークとイェリーの二人は、単なる共演者を超える関係だった。

だが二人の相性がよかったとはどう見ても思えない。イェリーの演奏はいくつか録音が残っているのだが、とても奔放で磊落な弾きぶりで、バルトークの構築的なピアノとは良い組み合わせだったにちがいない。しかし、プライヴェートには彼女はユダヤ系の家庭の出身で、「真の」ハンガリー音楽の創作を目指していたバルトークが面倒なことを言うのを疎ましく思う側面もあったのではないか。数ヶ月後にラヴェルとイェリーは、あるパーティで再会し、ラヴェルが当世流行の「ジプシー音楽」風の主題をリクエストして、イェリーがそういう旋律を弾くと、それにラヴェルが即興で伴奏をするというようなことをして一晩中遊んでいた、という。それが二年後に作曲される《ツィガーヌ》に結実した。この晩、二人はバルトークの悪口くらい言い合っていたのではないか、と筆者は夢想している（誰かコパチンスカヤ主演で、そういう映画を撮ってくれないだろうか）。

ともかくバルトークとイェリーは、このソナタ第一番を共演した一九二二年春の旅行で仲違いをしたらしく、しばらく音信が途絶える。バルトークはそれを残念に思い、もう一曲ヴァイオリン・ソナタを書いて事実上、それをイェリーに捧げる（実際に献呈されたのは別の人物だが）。それが第二番で、だからバルトークのピアノ、イェリーのヴァイオリンで、この曲が録音されていれば、それはとてもオーセンティックなものだったはずだ。だが残念ながら、そういう録音は残っていない。

もう一つの夢の組み合わせは、バルトークのピアノ、エネスクのヴァイオリンというもので、こちらは一度だけ実現した。エネスクは旅先で出会った同い年のバルトークに新しいヴァイオリン・ソナタの譜面を見せてもらい、たちまちそれに魅せられて、すぐに共演を申し出た。一九二四年一〇月二〇日、ブカレストの記者クラブ。タイムマシンがあれば、最も聴いてみたい演奏会の一つだ。

歴史的録音では、バルトークのピアノ、シゲティのヴァイオリン、という組み合わせでの録音が有名だ（一九四〇年、ワシントン）。ピアニストが年上で、ヴァイオリニストが年下の男性同士。郷戸＋加藤の二人も、もちろんこの録音は意識していることだろう。なんだか剣豪同士が斬り合っているみたいで、聴いていていてドキドキする。

Chapter 14

言葉の影：三輪眞弘の《新しい時代》

2017年2月号

年末は作曲家、三輪眞弘さんの作品にどっぷり浸ることになった。三輪眞弘作品集と銘打った演奏会を行ったからだ（一二月二五日、大阪のザ・フェニックスホール）。筆者は、二〇〇〇年に三輪さんのオペラ《新しい時代》を観て以来、ずっと彼の作品に魅せられてきた。今回の演奏会も、その《新しい時代》を再演することを念頭において企画したもので、オペラの前に書かれてオペラのなかで重要な役割を果たした作品（《言葉の影、またはアレルヤ》）、あるいはオペラの中で歌われた曲、そしてオペラの後に、その素材を用いながらオペラとは少し違う角度から作品化したもの（《再現芸術における幽霊》）などを集めた。いずれも再演だが、三輪さんの作品の多くはコンピュータを使うもので、作曲された頃とはその機材の環境が一変しており、一からプログラムを作り直したりしなければならないのでなかなか大変だった（大変だったのは筆者ではなくて三輪さんだが)。

＊　＊　＊

《言葉の影、またはアレルヤ》は、先述のとおりオペラ以前に、一九八八年に書かれている。その二年前、三輪さんは一八年ほどに及ぶドイツでの生活を終えて、日本に帰ってきた。岐阜に新設されたアカデミー(のちのＩＡＭＡＳ、情報科学芸術大学院大学)に赴任するためである。その帰国の一年前、一九九五年は、地下鉄サリン事件と阪神淡路大震災の年、そして一年後の一九九七年には神戸の連続児童殺傷事件が起こっている。三輪さんはそういう事件の真っ只中に、ひさしぶりに日本に帰ってきて、ある種のショックを受けたという。もちろん、当時の誰もがこれらの出来事には驚かされたのだが、三輪さんの場合、その衝撃は、事件自体からもたらされた、というより、そのような事件を生み出す日本の日常の方に対するものだった、と言えそうだ。「作曲家としてこの場所、いや日本という国で自分はどのように活動を続けていいのかわからなくなった」と三輪さんは書いている。具体的には、それは「言葉に対する違和感」だった。

作品が発表される。そこに作曲家の言葉が添えられる。聴衆は「よくわからない」という。批評家はそれらしいことを書く。そうしてサイクルが終わって、作曲家はまた別の作品を書く。「現代音楽」という枠組みのなかで、そんなサイクルが繰り返されていくことに、三輪さんが徒労感と苛立ちを感じていたことは想像に難くない。「現代音楽」ばかりではない。映画も、小説も、「アート」も、続々と「衝撃的新作」が発表され、そして何事もなかったかのように消費されてゆく。そこで紡ぎ出される言葉は、当該の新作が、革命的に斬新であり、社会の変動を見事に写し取っていて、音楽界に後戻りできない衝撃を与える、と語っているだろう。だが、そんなことはまず起こらない。言葉はなめらかに紡ぎ出され、なめらかに聞き流されて、なめらかに忘れ去られていく(忘れられなかったのは佐村河内事件の方だ)。

そういう「現代音楽」の現場に放り出され、三輪さんは帰国後しばらく曲が書けなかった。その沈黙は、筆者にとっては感動的だ。当時の日本の言語をめぐる状況について三輪さんは「徹底的な饒舌と沈黙」と書いている。耳ざわりの良い、差し障りのない「正義」は、もう意味がわからなくなるほどに繰り返され、本当に必要な叫びは一度も発せられずに圧殺される。三輪さんは、ほかの人と同じように「斬新な」作品を書くサイクルに参入することもできたはずだが、そうしなかった。作曲家としては(不穏当な言い方だが)失語症に陥った。そうして何年か後にようやく作った作品がこの《言葉の影、またはアレルヤ》という作品だった。

ここでは四人のキーボード奏者が灯籠のようなものを囲んで座っている。その灯籠の四面に、それぞれ単声の旋律の楽譜が映し出され、それを奏者たちが奏してゆく。旋律は、フラット二つの調から一度もはみ出さない、単純なもので、出てくる音も少なくとも最初はただの正弦波だ。この作品は外面的にはほぼそれだけでできている。約三〇分間、何かほかの出来事が起こるわけでもなく、爆音が鳴るわけでもなく、展開があるわけでもない。ただ四つの声部が淡々と密やかに呼びかわし合うだけだ。その組み合わせやタイミングは刻々と移り変わり、よく聴いていると音色も次第に変化していく。そして、これらの微小な出来事の組み合わせによって、何度か「声」が、「うた」が、浮かび上がる。

実はこの四つの声部のうちの一つは「声帯」の役割をしており、基本的な歌の音高を決めている。そしてほかの三つの声部は、歌われる言葉の「フォルマント」に対応して決められており、うまくタイミングが合えば、「言葉」が浮かび上がることになる。コンピュータが発する四つの音の交錯するところにホログラムのように浮かび上がる「声」。浮かび上がると同時にかき消えてしまう、誰のものともわからない声だ。

これを聴いていると「声」「言葉」「うた」というものが、いかに奇跡的で一回的なものであるか、ということがあらためて感じられる。そして当時の三輪さんにとって、「声」を発するということがどれほど困難なことだったか、ということも。これは音楽的失語症に陥っていた三輪さんがようやく発することのできたギリギリの「声」だ。そしてそこで発せられたのが、「アレルヤ」という祈りの言葉だった。

＊　＊　＊

最近、コンビニで買い物をしてレジの前に立っていて、突然店員さんに何か話しかけられて、全然聞き取れず、驚いて聞き直す、というようなことがよくある。聞きなおしてみると、それは「レシートは要りますか？」とか「お弁当、温めますか？」というようななんの変哲もない文句であって、それで特に困ることもないのだが、ともかく突然何か言われて、日本語なのに全然意味がわからない（というか音声と意味とを結び付ける回路がうまくつながらない）ということがあるのだ。いろいろ考えてみると、どうも定型的な文句を、定型的な声とトーンで発せられると、言葉と意味との間が透明に繋がりすぎてかえって引っ掛かりを失ってしまうのではないか、というような気がする。そういうことは、いわゆる「アイドル」たちが言う「頑張ります！」というセリフにも、「きずな」について語るアナウンサーの声にも時として起こる。筆者は三輪さんのように九〇年代にすでにそういう違和感を持っていたわけではないのだけれど、今になってみると現代日本の「徹底的な饒舌と沈黙」について考えざるを得ない。三輪さん自身は、このような違和感は、当時はたとえばサカキバラの事件のような限定的な局面に現

《言葉の影、またはアレルヤ》の上演。４人のキーボード奏者が灯籠のようなものを囲んで座る。2016 年 12 月 25 日、ザ・フェニックスホール、撮影・守屋友樹

れていただけだったけれど、それが現在ではすでに遍在化し、全面化している、と考えているようだ。この作品を再演せねばならない理由は十分にあると思う。

この四人のキーボード奏者とその中央に置かれた灯籠による作品は、オペラ《新しい時代》にそのまま取り込まれた。オペラの登場人物は、一四歳の少年一人であり、舞台の上に並ぶ四人のキーボード奏者たちがオーケストラ代わりだ。一四歳の少年はネットワーク上を飛び交う情報の集積の中にある「存在」を感知し、その存在へと自分を同化するために、自死をとげる。いわば「新しい時代」の殉教の儀礼が、そのままオペラとなっている。

＊　＊　＊

オペラの後に、オペラの素材を使って作られたのが《再現芸術における幽霊、またはラジオとマルチチャンネル・スピーカーのための「新しい時代」》(二〇〇七年)という作品だ。はじめに、ラジカセが舞台に置かれる。ラジカセからはラジオの放送が流れていて、それは街の喧騒を伝えている。道端でコマーシャルソングらしきものが流れ、通り過ぎる人たちが何を言っているのかわからないけれど楽しそうに話している。と、突然それが途切れる。数秒後に、先ほどと似たような喧騒が聞こえてくるけれど、それは会場の横の別のスピーカーから聞こえてくる。それも時々途切れたり、また続いたり。途切れた静寂のなかで、別の片隅から、誰かの話し声がしてくる。あるいは幻聴のように電子音の連なりが聞こえるような気がする。しばらくすると、それはスピーカーから聞こえる声であったり、電子音であったりすることがわかってくるが、それらはオペラ《新しい時代》で用いられた言葉であり、そして旋律的素材だ。旋律的素材の方は「神の旋律」と三輪さんが呼ぶもので、レミファソラシドの七音をコンピュータが自動的に重ならないように選択しながら生成し

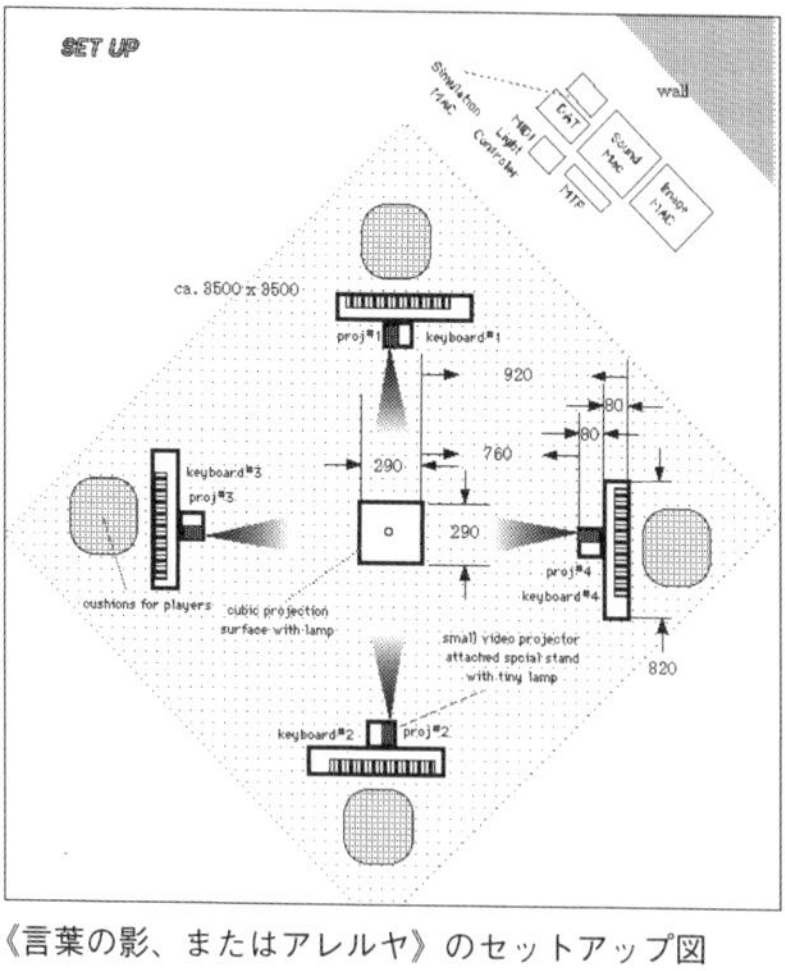

《言葉の影、またはアレルヤ》のセットアップ図

ていくものである。声の方は、オペラの中で一四歳の少年が語る言葉だ。

夢を見ました。「白い子供」の夢です。まっしろで鼻も口もまん丸くて、ぶよぶよとして目だけが光っていました。……次にみた夢でボクはすごく驚きました。その白い子供はボクのおなかのなかで生まれたボクの子供だったのです。ボクは男なのに……

こういう言葉が断片になって、会場のそこここから降りかかってくる。ほぼ真っ暗な会場で、これを聞くのはとても怖かった。だが同時に、これらの音の組み合わせは、極めてスタイリッシュにできていて、筆者はシビれた。いざとなったときに三輪さんが示す、こういう冴えわたり方に魅せられる。

当日、この作品のなかで、舞台後ろの壁が上がり、ガラス越しに街の様子が見えた。会場のザ・フェニックスホール特有の機構なのだが、後ろの壁を開けることができる。もちろん完全に遮音されているので、外の音は聞こえない。会場は五階あたりにあり、ちょうどクリスマスで、青と白にライトアップされた御堂筋が見える。そしてスピーカーから流れる喧騒は時として外の情景に重なり、重なったと思うと途切れて無音で車や人が行き交うのだけが見える。見えるものと、聞こえるものとが、ずれたり重なったりしながら、どちらも信じられなくなってゆく。そして曲が終わるのとほぼ同時にまたこの壁が降りる。ちょうど三輪さんの頭のなかにいて、大きな瞼が開き、また閉じたような気がしてくる。一回のまばたきの瞬間に見えたもの、聞こえたものが、一生の長さに等しい時間に引き伸ばされながら、ゆっくりと渦巻いてかき消えていった、というのが実際に聴いた印象だった。

＊　＊　＊

この演奏会の前後、忙しいのに何故か古井由吉の連作小説集『聖耳』（講談社、二〇〇〇年）を読んでいて、病人が唄い出した、という話に妙に惹かれた。もう先は短いと告げられて寝ていた男の枕元に行った孫が「お祖父ちゃんが唄を唄っている」と家族に知らせる。「一同驚いて病人のまわりに集まったが、これが唄なのか。言葉にならぬ声が喉から細く、ひとりでのように洩れている。その口もとへ耳を寄せても、節になっているようにも聞こえない。何かを訴えているにしては、目がおっとりとしている。そして顔はやはり、心地良さそうに、唄っている顔に見える。」そんなことがあるのかもしれないなあ、と思いながら、三輪さんの曲のことが頭を離れなかった。「声はゆるやかな抑揚はあるが何かの節にもならず、拍子らしいものもなく、ただどこかしら、かすかながら賑わしいようなものをふくんでいた。」

再演予定の《新しい時代》で、「うた」というものの持つこういう本源的な不思議さを聴くことができるだろうか。

Chapter 15

チェリビダッケの《ルーマニアン・ラプソディ》

2017年3月号

以前授業や論文で「ラプソディ」の歴史を概観したことがある。「ラプソディ」というのはもともと音楽のジャンルではなく、古代ギリシャの叙事詩を指していた。語源的には「縫い合わす」（ラプテイン）という動詞と「詩」（オード）とが結び付いてできた語であり、さまざまなテクストを即興的に縫い合わせるようにして語るさまを表していたようだ。一九世紀前半に、音楽の曲名として稀に使われ始めるが、その時は「性格的小品」にあたるタイトルに過ぎず、やはり当時流行した「エクローグ（牧歌）」や「ディテュランボス（酒神讃歌）」と並んで古代趣味の一環として喚び出された名称だった。それがフランツ・リストによる《ハンガリアン・ラプソディ》（最初に現れるのは一八四七年、現行版は一八五一年から出版）に至って音楽ジャンルとしての「ラプソディ」のイメージが一変する。たとえば一八八二年の『リーマン音楽辞典』

における定義では「（ラプソディとは）民俗的旋律をいくつか組み合わせてできた器楽による幻想曲」となる。肝心なのは、「民俗的旋律」と「組み合わせて」というところで、要するに民俗音楽の旋律を、メドレー風に繋げたかたちの音楽が「ラプソディ」だ、というのがリスト以降の理解である。

このジャンルは、当時の「民族主義」に沿って次々と飛び火してゆき、どの民族、地域も自前の「ラプソディ」を持とうとすることになって、一九世紀終わりから二〇世紀はじめにかけて、さまざまな民族、国家、地域アイデンティティを託したラプソディが続々と作られることになった。それらは時代を反映し、植民地における宗主国の作曲家によるラプソディである場合もあれば（たとえばブルゴーニュ生まれのブルゴー＝ダクデュレイによる《カンボジアン・ラプソディ》）、被支配民族を代表する作曲家によるラプソディという場合もあり（カヤヌスによる《フィンランド・ラプソディ》）、未だ国家として認められていない一地域の名を冠したラプソディである場合もあれば（「オーヴェルニュ」「バスク」「ピエモンテ」「ウェールズ」といった地方名を冠したラプソディがある）、抽象化された「異国」「黒人」の名を冠するラプソディという形をとることもあった（カルク・エレルトによる《エキゾティックなラプソディ》など）。そして東欧、北欧から始まり、周圏論的に広がりを見せ、時とともにアジア（伊福部昭による《日本狂詩曲》は一九三六年、《中国狂詩曲》は一九四五年）、新大陸、アフリカの諸地域も巻き込んでゆく。

「民族主義」が音楽において云々される場合、各国語によるオペラや歌曲がどのように生まれたか、というようなことが問題になる。たしかにそれは重要なのだが、ただ言語的指標に頼らないで、音楽の民族主義というものが論じ得るとすれば、「ラプソディ」は格好の題材なのだ。

＊　＊　＊

と、そんなことを調べている時に、岡田暁生さんに教えてもらったのが、チェリビダッケが《ルーマニアン・ラプソディ》第一番を指揮している動画だ。オーケストラは、ジョルジェ・エネスコ管弦楽団で、場所はブカレストのアテネ音楽堂。

《ルーマニアン・ラプソディ》第一番は、ジョルジェ・エネスクが一九〇一年に書いた作品で、エネスクはまだ二〇歳の若者だった。この四年前、一八九七年にエネスクは管弦楽曲《ルーマニア詩曲》を書き、これがきっかけとなって国家的な支援を受けるようになる。この作品は、ルーマニアの夏の宵の描写から始まり、教会の鐘や晩禱の響き、そして羊飼いの笛、さらには嵐、夜明け、鶏鳴と続いて、舞曲の続く祭りの場面となり、最後はルーマニア国歌で締めくくられるという、典型的に民族主義的な音楽である。もしかしたら、この曲自体「ルーマニアン・

ペレシュ城でのコンサートの様子。ピアノの前の白い服の女性が王妃エリザベタ。その前に立っているのがエネスク。ヴァイオリンのゲオルゲ・ディニクは文中に出てきたとおり、後年ジプシーヴァイオリニストとして有名になるグリゴラス・ディニクの父親（『ジョルジェ・エネスク：写真でたどるその生涯と作品』ショパン、2005年より）

ラプソディ」と名付けられていても少しもおかしくなかった。また彼の後の作品《幼い日の印象》（一九三八年）も夕方から始まり、夜中の嵐を経て、翌朝へと向かう一日の描写が軸になっており、発想としてよく似ている点も面白い。

いずれにせよ、この愛国的な作品によって寄付金が募られ、エネスクはその寄付を元にストラディヴァリウスを手に入れた。そして、ルーマニア王妃エリザベタ（筆名カルメン・シルヴァ、一八四三〜一九一六年）の寵愛を受けるようになり、シナイアに建造された夏の離宮ペレシュ城にはエネスク専用の部屋が与えられるほどだった。そんな頃に書かれた《ルーマニアン・ラプソディ》だから、これは当然、前作にも増して民族主義的な作品である。

曲の冒頭に引用されるのは、「一レウあるから飲みに行こう」と呼ばれるルーマニア民謡の旋律である。エネスクは子供の頃、ロマの楽師、ニコラエ・フィリプ（通称ラエ・チオル＝ヤブニラミのニック）から、はじめてヴァイオリンの手ほどきをうけたと言われているが、その「ヤブニラミのニック」から教わったのがこの旋律で、つまり彼の音楽的原体験なのだろう。

そして曲の中盤、印象的に盛り上がるのが、ジプシー・ヴァイオリンの定番曲《ヒバリ》の旋律である。この旋律は、SPレコードの時代に、グリゴラス・ディニクの録音で世界的に有名になった。だが本来はヴァイオリン音楽ではなく、グリゴラスの二代前のロマの楽師、アンゲルシュ・ディニク（一八三八〜一九〇五年）が作曲した、とされる。彼はナイ（パンパイプ）の名手で、鳥の鳴き声を模したこの曲特有の技巧も元来パンパイプによるものだった。アンゲルシュの息子、ゲオルゲ・ディニク（一八六三〜一九三〇年）によって楽譜化されており、エネスクはあるいはそれを見た可能性もある。だが、それよりも、おそらくは耳で聞いて知っていたのだろう。これも「ヤブニラミのニック」直伝だったのかもしれない。

ちなみにこの旋律は今では金管合奏でも知られており、映画『アンダーグラウンド』で有名になったバルカンの村のブラス・バンドの定番曲にもなっている。

Tziganes
Paris / Berlin / Budapest / 1910-1935

こちらはジプシー音楽の歴史的録音集。グレゴラス・ディニクの演奏する《ヒバリ》も収録

＊　＊　＊

さてその《ルーマニアン・ラプソディ》を振っているのが、チェリビダッケである。チェリビダッケがルーマニア出身というのはもちろん秘密でもなんでもないが、ただ彼のルーマニア時代の話というのは、あんまり詳しいことがわからない。後年ブルックナーを振っている姿からすれば、彼がルーマニア出身だというのは、むしろ不思議なくらいだ。だが、ともかく生まれはロマンという町で（一九一二年）、近郊のヤーシで教育をうけた。ルーマニア北東部の端、モルドヴァ地方だ。先ほど触れたバルカンのブラスのなかでも、一番有名になったファンファーレ・チョクルリーアのメンバーが出てきたのは、ロマンのすぐ近くのダグーツァという村だし、エネスクが生まれ、「ヤブニラミのニック」にヴァイオリンの手ほどきをうけたリヴェニ（現在ではジョルジェ・エネスク村という名になっている）は、ロマンから北に一〇〇キロほど行ったところ。そしてこのリヴェニの村の脇を流れているプルート川をわたれば、対岸はもう旧ソ連のモルドヴァ共和国で、コパチンスカヤの生まれた国である。本書の趣旨からすれば、まずこの位置関係が重要だ。

チェリビダッケは、一九三五年からパリで学び、さらに翌年からはベルリンで音楽学や数学を学んだとされる。そして、一九四五年、全く無名だったにもかかわらず、いきなりベルリン・

フィルの指揮者に抜擢され、そして終戦直後のベルリンでセンセーションを巻き起こした。それ以後の波乱に富んだ彼の活躍ぶりについては、ここで書くまでもないだろう。ただ、のちに一九九〇年二月（それはチャウシェスク大統領がカメラの前で射殺された二ヶ月後のことだ）、チェリビダッケが、真っ先に祖国ルーマニアに駆けつけて物資を届け、演奏会を行った際に「四〇年ぶりの帰還」といった報道がなされたが、これはつまりベルリン時代の一九五〇年以来、彼が祖国に帰っていなかった、という先入観に基づく誤解だった。実際には、冷戦時代にも、チェリビダッケは何度かルーマニアに帰っている（彼がこの時、どんな旅券に基づいてルーマニアに行き、そして帰ってこれたか、というのは謎である）。そして、問題の《ルーマニアン・ラプソディ》の映像は、一九七八年のものらしく、この時彼はブカレストで指揮の講習会などを行い、そしてこのアテネ音楽堂での演奏で熱狂を巻き起こした。それはそうだろう。政治状況としても経済的にもいよいよ厳しくなってきたこの頃のルーマニアの人々の前で、祖国出身ながら西側で活躍する指揮者が里帰りし、そして最もルーマニア的な作品を指揮する。ただでさえ興奮をよびそうな道具立てが揃っているところに、この指揮ぶりだ。聴衆の熱狂はすさまじい。

＊　＊　＊

指揮はもちろん完全に暗譜。演奏前にニヤリと笑うチェリビダッケの表情は、君たちがどれくらいやるか聴かせてもらおう、とでも言いたげだ。オーケストラの側にとっても、この曲はお国ものの定番で、何度となく演奏してきているはずだが、それに怖気付くような指揮者ではない。

時々拍をとるのを完全にやめて急所だけ眉毛の動きで示すようなときもあれば、ソロの旋律の一つ一つの音符まで指示するようなところもある。いろんな旋律が次から次へと現れる音楽だが、チェリビダッケの見せ場はむしろそのつなぎの部分、伴奏だけになったようなところかもしれない。その「間《ま》」の説得力はちょっと真似できない。

この地域の「ジプシー音楽」の文脈では、土地持ちの貴族（ボヤール）と、その土地に住まわされている楽師（ロマ）との関係が重要なのだが、チェリビダッケの凄いところは、彼がそのどちらにも見える、というところだ。たとえば前半、先ほど挙げた「一レウあるから飲みに行こう」の旋律が鳴っている少しのんびりした場面では、彼はほとんどオペレッタの登場人物のように見える。たとえば、うまくいかない恋にやけを起こして深酒した翌朝の退嬰的な貴族の紳士、といった面持ちだ。だが、総譜で第一二二小節あたりから、plus vite（より速く）、encore plus vite（さらにもっと速く）、accélérez de plus en plus（どんどん加速して）と加速していくのだが、その煽り方は完全に村の楽師の親玉のものだ。特に《ヒバリ》の旋律が出てくるとチェリビダッケは、あろうことか、大声を上げて楽団にムチを入れる。たぶんルーマニア語で、何か叫んでいるのだ。本番でこんな大声を出す指揮はちょっと見たことがないが、それが全然邪魔にならず、むしろ音楽の一部になってしまっている。思わず声が出た、というよりおそらくは確信犯だろう。そのあざとさも含めて、楽員も、聴衆も、そして見ている我々もチェリビダッケにしてやられるのだ。

＊　＊　＊

彼の演奏で聴くと、この音楽、いかにも故郷の民俗的／民族的音楽というフリをしながら、意外と野心作なのではないか、という気がしてくる。《ヒバリ》で盛り上がった後の場面で、それまでに現れたさまざまな旋律が断片になって回想されるのだが、これは結構現代的な発想だ。筆者には、それはほとんどラヴェルの《ラ・ヴァルス》の後半、やはり前半に現れたワルツの旋律が、全部奇怪に歪められたかたちで回想される場面を思わせる。エネスクとラヴェルは、一八九〇年代後半、パリ音楽院のジェダルジェやフォーレの授業でクラスメイトだったから、彼らがお互いの作品をよく知っていたとしても不思議ではない。

あるいはリゲティの《ルーマニア協奏曲》（一九五一年）の第四曲なども、意外とこのエネスクの《ルーマニア・ラプソディ》に似ていることに気付く。リゲティの第四曲後半、主音・属音を往復するだけ、という低音部分はそっくりだし、あるいはそもそも旋律がほとんど「ヒバリ」の引用かとも思える。若いリゲティはルーマニアの名を冠した作品を書くときに、意外なほど素直にエネスクの音楽をお手本にしていたのかもしれない。もしチェリビダッケがこの《ルーマニア協奏曲》を取り上げていたら、どんな演奏になっただろう、と夢想するのも楽しい。この音楽の一番根元にある、機械的で整然としているのに、それがいつか魔術的なエクスタシーに通じるとでもいうような気質は、チェリビダッケが一番得意とするタイプの音楽だったような気がしてならない。チェリビダッケは、自分はある意味で「ジプシー」だと言ったらしいが（そしてそれは現代では政治的公正さの点からはカッコ付きでないと引用できない言葉だけれど）、それは単に祖国を離れて寄る辺ない身だ、というだけの意味ではないだろう。彼がエネスクを指揮しているのを見ると、これこそ彼の音楽の本領だったという気がしてくる。

Chapter 16

国際フォーラム「東欧演歌」

2017年4月号

二〇一七年二月一四、一五日の両日にわたって、「東欧演歌と東アジアのポップフォーク‥ユーラシア両端の音楽的平行現象」と題した国際フォーラムを大阪で開催した。まずは「東欧演歌」という耳慣れない言葉について、説明せねばならないだろう。「東欧演歌」とは、端的に言えば、東欧諸国で流行している演歌に似た音楽のことである。筆者が勝手に言い出した造語だが、結構面白がってくれる人もいて、しばらく前から研究会（通称「東欧演歌研究会」）を組織して、活動してきた。東欧演歌の専門家はさすがにいないが（何しろそういうものがある、と言っているのは筆者一人なのだから）、東欧やバルカン各国の音楽の研究者、東欧の諸語をこなす文化の研究者は結構日本にもいて、そういう人たちに声をかけて、研究会で話をしてもらうのだ。また東欧諸国出身の留学生などにも参加してもらった。演歌に似た音楽、というのは、たとえばブルガリアの「チャルガ」、セルビアの「ターボフォーク」、ルーマニアの「マネレ」といったジャンルのことである。これらはいずれも一九八九年の体制転換後に現れた大衆音楽であり、若者を中心にそれぞれの国では爆発的な人気を得た一方、知識人たちからは下品であるとか、文化的後進性の証しだとか、散々に批判されてもきた。英語ではPop-folkという言葉で括られることが多く、この言葉が表すように、ポップに味付けされた民俗音楽というか、民俗的な要素を取り入れたポップ・ミュージックというのが、これらのジャンルの基本ラインである。だが、それはあくまで基本であって、最近では欧米のポップ・ミュージックとの差はもうほとんどない。わずかに言語と（つまり英語でなくてブルガリア語なりセルビア語なりで歌われている、という意味である）、そして発声（しばしばドスの効いたコブシを回す歌い方が採用されている）の点に民俗的なものの痕跡が認められる程度である。でも考えてみれば、「演歌」もまさに民謡の発声を採用しながら、ベースとドラムス、そしてしばしばオーケストラによる伴奏を備えていて、結果として出てくる音楽はそっくりなのだ。

トルコやバルカン諸国に旅行したことがある方は、ホテルのテレビでこの種の演歌っぽい音楽が朝から晩まで流れているのをご覧になったことがあるかもしれない。実を言うと、筆者も一〇年ほど前に、ソフィアのホテルでテレビを見ているうちに、ノンストップで流れている「チャルガ」にはまったのだ。東欧・バルカン諸国のテレビで、肌も露わな（というかその種のファッションをより誇張してパロディにしたようにも見える）お姉さんたちが、ひと昔前のヤクザ映画に出てきそうなマッチョなおじさんとデュエットしていて、しかもそれぞれに歌が滅茶苦茶に上手くて、音楽的には絶妙にキャッチーで適度にエキゾティックだったりするなら、それはたぶん「東欧演歌」だ。しばらく筆者は、「チャルガ」のコレクターとして、現地で大量にDVDやCDやカセットを買い込んでいた。空港の税関でトランクを開けると、その種の怪しげな女性の写真が表紙を飾っているDVDが大量に出てきて、ちょっと後ろめたかった。

こういった音楽を「東欧演歌」と呼ぶのは、一つには日本固有のものと思われている「演歌」を、東欧なんていう日本とは縁のなさそうな地域と組み合わせる意外性を狙ってのことだが、もう一方で日本のものを外国産の何かになぞらえて理解するのもいいけれど、たまには逆にしてみるのも頭の体操になるのではないか、というようなことを考えたからだった。

＊　＊　＊

今回のフォーラムは、それをさらに一歩進めて、東欧演歌を日本の演歌だけでなく、韓国の「トロット」、さらにはタイの「ルークトゥン」のようなアジアの似たようなジャンルと比較する、という観点から企画したものだった。ゲストスピーカーとして来ていただいたのは、山内文登さん（台湾大学）、イヴァ・ネニッチさん（ベオグラード大学）、そしてヴェンツィスラフ・ディモフ（ソフィア大学）とロザンカ・ペイチェヴァ（ブルガリア科学アカデミー民族学・民俗学研究所）の夫妻。山内さんは日中韓国語ができて、英語もオーケーという恐ろしい人で、今回は「トロット」の話をしてくださった（そして山内さんの話が始まった途端に、こういう日帝時代の影響が明らかなものを「演歌」と比喩的に呼ぶのがいかにも無思慮に思えてきて反省した）。イヴァは、セルビアで「ターボフォーク」と呼ばれるこの種のジャンルに関する気鋭の研究者である。そしてブルガリアからの二人は、「チャルガ」研究のパイオニア。かつて知識人からは批判・罵倒されるばかりだった「チャルガ」をはじめてまともな研究対象として取り上げた世代に属する。ちなみにディモフ氏は、真っ白なカーリーヘアの巨漢で、チャーミングこのうえない（若い頃は、チャルガ界のフランク・ザッパと呼ばれたらしい）。

「東欧演歌研究会」側からも、たとえばスロヴェニアからクララ・フルヴァティンさん（彼女は大阪大学で博士号をとって、現在母校リュブリアナ大学の助手をしている）が来て、スロヴェニアのポップフォークについて話してくれる。スロヴェニアは、旧ユーゴなの

ソフィア大学のヴェンツィスラフ・ディモフ博士。ブルガリアのチャルガ研究のパイオニア

で、セルビアと同じく「ターボフォーク」が流行している。が、セルビア発のターボフォークが、ロマの影響も感じさせる、妖しくも磊落な音楽なのに対して、スロヴェニア発のターボフォークは、ほとんどポルカであって、トラクターや牛が出てきて、自分たちの環境の田舎ぶりをセルフ・パロディ化にしたような歌が多い。

あるいはトルコ音楽の研究者である濱崎友絵さん（信州大学）の話には、ドイツのトルコ移民の間で流行っているポップフォークの話が出てくる。トルコの演歌的ジャンルは「アラベスク」とよばれるのだが、ドイツのトルコ移民たちがドイツ語で歌うそれは「R&Besk」と呼ばれる！（このジャンルを代表するムハベットの曲はYouTubeで探せば出てきて、結構素敵である）。

『裏日本音楽史』（春秋社、二〇一五年）の著者、齋藤桂さん（大阪大学）はメタルファンなので、フォーク・メタルの話をしてくれた。「フォーク・メタル」？　そう、民俗的なものを表象しながら、音楽の基本がメタル、というジャンルである。ただその民俗的なるものが曲者で、必ずしも自国の民俗文化の要素を取り入れるというわけでもなく、なぜかだいたい北欧系、つまりヴァイキング的というか、ワーグナー神話的というか、そういう方面を暗示しながら、音はメタルなのだ。これも「東欧演歌」と並んで、民族性・民俗性の表現が、実証を離れて滑空し始めた時にどんな方向に飛翔していくか、ということを考えるうえでとても面白い材料だ。

そして同僚にして『創られた「日本の心」神話　「演歌」をめぐる戦後大衆音楽史』（光文社新書、二〇一〇年）の著者、輪島裕介さんが、「演歌は東欧演歌か？」と題して話をしてくれた。輪島さんによれば（そして彼が引くジェイソン・トィンビーによれば）、世界的な大衆音楽の発展段階を整理すると、①ティンパンアレイとハリウッド（一九二〇～五〇年代前半）、②ロック（一九五〇年代後半～一九七〇年代）、③グローバル・ネットワーク（一九八〇年代）の三つの位相が区別できるが、「演歌」は第二相に属し、「チャルガ」は第三相に属するので本来同列には論じられないはずだ、ということになる。実は、この問題は「東欧演歌研究会」を始めた頃から輪島さんに指摘されていて、筆者もたしかにそのとおりだとは思うのだけれど、「東欧に演歌がある」という妄想をどうしても拭いきれないのだ。そして今回、輪島さんはさらに進んで演歌はポップフォーク化されねばならない、という刺激的なテーゼまで打ち出してくれた。

＊　＊　＊

「東欧演歌」研究の具体例を二つほど挙げてみよう。アジス（本名ヴァシル・トロヤノフ・ボヤノフ、一九七八年～）は、ブルガリアの「チャルガ」を代表する歌手の一人であり、とりわけそのトランス・ジェンダー的な過激な表現で知られている。その声はカストラートのような高音であり、しばしば女装、ないし性を超えた服装で登場し、ビデオのなかでは女性を相手にしていることもあれば、男性を相手にしていることもある。また、彼はブルガリアで最も有名なロマの一人であり、二〇〇五年にはユーロ・ロマ党からブルガリア国会に立候補したこともある。

プライベートでは、アジスはニキ・キタエスタという男性と「結婚」し、人工授精による娘をもうけた（生物学的な母親はアジスの友人の女性）。二〇〇七年一一月、新しいテレビ番組の広告としてソフィア市中心部に設置されていたアジスとその「配偶者」がキスをしている大きな看板が市当局によって問題視され、当時の市長ボイコ・ボリソフ（一九五九年〜）によって撤去される、という事態に発展した。ボリソフはその後、ブルガリアの首相となったが、二〇〇九年にはブルガリアにいる一〇〇万人のロマと七〇万人のトルコ人、二五〇万人の退職者という「不良な人的資源」を抱え込んでいる、と発言して物議を醸した。つまり、アジスの看板をめぐる騒動の背後には、

アジス（1978年〜）。
ブルガリア出身のチャルガ歌手

ジェンダーや少数民族の考え方をめぐる問題が横たわっており、「チャルガ」はそのような諸問題の軋轢が表出する先端に位置しているということがよくわかる。

セルビアの「ターボフォーク」のスター歌手、ツェツァの場合、そのイデオロギー性はより直接的である。ツェツァ（本名スヴェトラーナ・ラジュナトヴィッチ。一九七三年〜）は、セルビア南部の町に生まれ、国営音楽制作会社のサポートを受け、一五歳で最初のアルバムを発表して大ヒットさせた。その後、ユーゴスラヴィア秘密警察の庇護を受けながら、ヨーロッパ全域で恐喝、詐欺、密売、強盗、殺人、襲撃、暗殺などにかかわっていたとされるアルカン（本名ジェリュコ・ラジュナトヴィッチ）と、一九九五年に結婚した。アルカンは、ユーゴ紛争時、セルビア義勇親衛隊タイガーを組織して戦闘を繰り返し、セルビアのナショナリストから英雄視されたが、二〇〇〇年にベオグラードで暗殺される。九〇年代のミロシェヴィッチ政権下におけるアルカンとの結婚と死別は、ツェツァを「血と貧困とキッチュさの時代のあらゆる象徴を結び付けた」（これはある新聞の評言だが、やはり東欧演歌研究会のメンバーでもある上畑史さん［現・日本学術振興会特別研究員］の発表で知った）とされ、彼女をターボフォークの象徴的存在へと押し上げた。

彼女は汎バルカン的な人気を誇るが、一方でクロアチアやボスニア・ヘルツェゴヴィナでの人気は、彼女を戦争犯罪者である、と見る人々からは問題視されてもいる。「ターボフォーク」

を研究することは、決して遠い国々の、キッチュな流行の分析に終わらないことを示す例であると言えるだろう。

＊　＊　＊

「東欧演歌」は、その存在だけでなく、非在についても注意すべきである。というのは、この種のジャンルは、ルーマニア以南に限って流行していて、それより北の地域、すなわちハンガリー、ポーランド、チェコ、スロヴァキアなどでは目立たないからだ。「目立たない」というのはとても遠慮して言っているのであって、実はハンガリーのポップフォーク的音楽は、あるにはあるが率直に言えばダサいのである（もしバルカン・ファナティックのファンが読んでおられたら失礼）。バルカンのブラスバンド風の音楽が出てくるのだが、妙に小綺麗で巧く、本来の魅力であるはずの雑味がない。映像もひどい（ちなみにビデオ・クリップの水準はブルガリアのものが異様に高い）。なぜこのような差が生じるのかは、それ自体考察に値する問題であろう。

＊　＊　＊

そんな議論をしていると二日間はあっという間に終わって、ゲストはそれぞれに帰っていった。ちょうど咲き始めた桃の枝を知人から沢山いただいたばかりだったので、彼らを空港に送ったときにその枝もお土産のおまけに付けておいた。ディモフ夫妻はそれをずいぶん喜んでくれて、帰ってから英語の俳句を送って来てくれた。

Peach blossom
in the plane.
Pinkish my soul.
「桃の花　機上のこころ　ピンキッシュ」(拙訳)。キュートだ。

Chapter 17

クエイ兄弟・ヤナーチェク・ペトルーシュカ

2017年5月号

あれはたぶん八〇年代終わりのことだったと思う。テレビの深夜番組でクエイ兄弟のアニメーションのことが紹介されていて、今はなき六本木のシネ・ヴィヴァンで上演されると予告されていた。ほんの少し流れた紹介映像に惹かれて、今も昔も関西在住の筆者は、東京まで観に行った覚えがある。わずか数十秒の映像で東京まで出て行った自分もケナゲだったと思うけれど、それよりなによりテレビで（たしか『11PM』だったような気がする）クエイ兄弟なんて紹介していたことに今から考えると驚かされる。メジャーなメディアは今よりずっと好奇心旺盛で、そして今よりずっと懐が深かった。

確かレイトショーの上映で、夜の六本木などはじめてだったので、それだけでも特別な経験だったけれど、『ストリート・オブ・クロコダイル』や『ヤン・シュヴァンクマイエルの部屋』

など、クエイ兄弟の映像は筆者の脳裏に深くこびりついた。何もかもがくすんで、埃りや錆びにまみれた暗い街のなかを、髪の毛を取り去ったスチロールの人形（だから後頭部は大きく欠けていて、目も空洞だ）が、動き回る。当時は『ストリート・オブ・クロコダイル』の原作、ブルーノ・シュルツの「大鰐通り」も知らなかったので、話はよく飲み込めなかったけれど、なにかゾクゾクさせるものがここにある、ということだけは確かだった。ゾクゾクさせるといえば、レシュ・ヤンコウスキ（一九五六年〜）による音響も妙に耳に残った。

筆者は当時、東欧のことは実際にはほとんど知らなかったので、筆者の東欧（あるいはハプスブルクの文化圏）に対する原イメージのかなりの部分は、実はクエイ兄弟の道案内によるものだったのではないか、という気もする。本書も、その源流の一つはここにあるわけだ。その後、留学もして実際に自分で体験し、クエイ兄弟という「外国人」（クエイ兄弟はペンシルヴァニア州生まれの一卵性双生児で、ロンドンで活動している）による東欧イメージはやはり多少とも「エクゾティシズム」を含ん

『ストリート・オブ・クロコダイル』より。アニメーション制作者としてのクエイ兄弟の名を一躍高めた作品。

でいるということも感じたが、それでも（いや「それだけに」かもしれない）やはり外国人でありながら何故か東欧にかかわらざるを得なくなった筆者にとっては、彼らの視角は魅力的であり続けた。

＊　＊　＊

その後、ビデオも入手して、とりわけ繰り返し見たのは『レオシュ・ヤナーチェク――心の旅』という一九八三年の短編フィルムだ。二六分ほどの作品で、これは作曲家ヤナーチェクの一種の伝記でもあり、話の筋はわかりやすい。ヤナーチェクの顔写真を付けた人形が現れ、ヤナーチェクの一人称の語りで故郷の話があり、発想の源としてのモラヴィアの民俗音楽のことが語られ、そして《消えた男の日記》《ブロウチェク氏の冒険》《利口な女狐の物語》《マクロプーロス事件》《死者の家より》《グラゴル・ミサ》という六作品についての紹介がある。時には「発話旋律」についての概説も挟まったりする。音楽はもちろん全てヤナーチェクのものが用いられるが、作品紹介の部分はパペット・アニメーションである。

ヤナーチェクによる語りは、指揮者としても知られたヤロスラフ・フォーゲルの評伝『ヤナーチェク』[注1]から採られているようで、この書物は結構出回っており、そんなに珍しい情報があるわけではない。ヤナーチェクのファンにとってはまずはよく知っているエピソードばかりと言ってよいだろう。だが、パペット・アニメーションによる作品の紹介にはやはり、クエイ兄弟の「読み」が含まれていて、ハッとさせられるところがある。

たとえば《利口な女狐の物語》について、「私はこの作品を、森と、自分の老いの哀しみのために書いた」とヤナーチェクが語り、そしてヤナーチェクの人形は窓の下の床に横になる。その間、ずっと鳴っているのは、《女狐》の序の音楽、あの独特のクセのある、だが一度そのクセの魅力に取り憑かれてしまうとずっと忘れられなくなる音楽である。

ヤナーチェク(の人形)が、寝てしまうと、その頭のうえに、森の虫や鳥や動物たちが現れ始める。窓の外に見えるのは巨大な蛾で、それが羽ばたきながら部屋のなかのヤナーチェクを見つめる。弦楽器のデタッシェの音型が、蛾の羽ばたきに合っていて、このイメージが強烈で筆者にとっては、《女狐》の音楽の弦楽器が虫の羽音と強固に結び付いてしまっている。壁には枯れ木の影が

『レオシュ・ヤナーチェク――心の旅』の一場面。ヤナーチェクの独白で物語は進行する

映っているが、その枯れ枝の間を、時折、コウモリ（？）の影が舞っている。特にフルートが何度か下降音階を奏するときには、このハラハラと落ちていく音に合わせて、コウモリの影が通り過ぎる。このあたりの映像と音の同期の感覚は天才的だと思う。実はこのフィルムは日本で発売されたVHSにだけ含まれていてなかなか入手しがたいものらしい（YouTubeなら簡単に見つかるかもしれない）。

＊　＊　＊

この『ヤナーチェク』の前年、一九八二年に作られた『イーゴリ：プレイエルのもとでのパリ時代』（一九二〇～二九年）も、音楽の観点から見てとても興味深い。主として三人の芸術家が扱われるのだが、それはストラヴィンスキー（タイトルのイーゴリだ）、コクトー、そしてマヤコフスキーで、ここでも彼らは顔写真をつけた人形というかたちで現れる。

タイトルは、ストラヴィンスキーがプレイエル社の本社内にスタジオを提供されていた時代のことを指しているが、この頃プレイエル社はピアノのショールームというだけではなくて、さまざまな自動演奏ピアノが置かれており、ストラヴィンスキー自身もスタジオに自動演奏ピアノを持っていて、自作を自動演奏ピアノ用に編曲する作業を進めていた。だからこのフィルムで用いられる音楽は、この時代に編曲された《春の祭典》《火の鳥》《ペトルーシュカ》《結婚》の自動演奏ピアノ版、あるいは《ピアノラのためのエチュード》といった作品である。

　プレイエルの自動演奏ピアノは「プレイエラ」と呼ばれ、ロールペーパーにパンチングした穴によって打鍵を指定し、再生スピードやダンパーを「ピアノリスト」と呼ばれる「奏者」が操作する。フィルムではそのような仕組みも解説され、最も著名なピアノリスト、レックス・ローソンが実際に「演奏」している様子もかなり詳しく描かれる。レックス・ローソンは、今でこそCDも多く出ていて日本でも有名だが、彼が国際的に知られるようになったのは、一九八一年のことだから（ブーレーズの指揮で、ストラヴィンスキー《結婚》のピアノラ・バージョンをパリで上演した）、クエイ兄弟が自動演奏ピアノとレックス・ローソンに注目したのは、非常に早かった。

　ストラヴィンスキーのパリ時代に、マヤコフスキーがストラヴィンスキーのスタジオを訪ねていったらしい。その話がフィルムの骨格になっている。やがてジャン・

写真提供：株式会社イデッフ

『イーゴリ：プレイエルのもとでのパリ時代』。ストラヴィンスキーと詩人マヤコフスキー、画家ジャン・コクトーの交流を描くコクトーも加わって、三人は車でパリの街を疾走し（ここで《春の祭典》の音楽が使われる）、マヤコフスキーはエッフェル塔に登り、ストラヴィンスキーはスタジオに帰って寝てしまい、そこでペトルーシュカの夢を見る。

＊　＊　＊

ストラヴィンスキーが、自分の作品が演奏される際に、勝手な「解釈」が加わるのを極端に嫌った、という話はよく知られている。そのゆえに、彼は晩年、自作の録音に熱心に取り組み、自分で指揮したり、監修したりしたレコードの全集を残した。それより前に彼が自動演奏ピアノのための編曲に没頭していたのも、このことから考えると不思議ではない。録音の精度がまだ不十分であった時代には、楽譜のかたちでよりも、むしろピアノロールのパンチ穴のかたちで自作を残した方が、演奏家の「解釈」などに悩まされずにすむ。おまけに、ピアノロールなら、二本しか手がない、とか一〇本しか指がないといった、人間の制約も突破できる（《ピアノラのためのエチュード》の楽譜は六段譜で、つまり六本の手がある演奏家ではじめて弾ける）。

ここで問題になっているのは、要するに機械／人間という対立だろう。ストラヴィンスキーが本当に嫌だったのは、機械のようにドライに演奏してほしいところで、妙な「人間化」が施されてしまうことだった。そして《春の祭典》における古代の祭儀、あるいは本書第二章で扱った《結婚》における民俗的儀礼なども、実は同じ問題を扱っているようにも思われる。お祭りや儀礼のエネルギーは、一見最も人間臭い、感情の発露のように見えるが、実は厳格に計画され、正確に機能する、人間の機械性（メカニズム）に根ざしている。そもそも古代の儀礼におけるアニミズムとは、魂あるものと魂のないものの境界を、無機物／有機物という現代の区切りとは違うところに引こうとする考えのことだ。そして祭儀で踊る村人たちは、やがて正確なポイントでトランスに陥る。《結婚》で儀礼的に泣く花嫁は、悲しいから泣くのではなく、泣くべく条件付けられているから泣く。そこでは音楽は内面の表出ではない。

そうだとすれば、無機物に魂（アニマ）を宿すことを試みてきたアニメーターであるクエイ兄弟が、この自動演奏ピアノに取り組むストラヴィンスキーを取り上げたのは無理もないことだった。またこのフィルムのなかで、とりわけ《ペトルーシュカ》の場面が印象的なのも不思議ではない。《ペトルーシュカ》というのは、まさしく人形をアニメートし、勝手に動き出した人形がまた木偶の人形に戻ってしまう話だからだ。

ストラヴィンスキー（の人形）が眠りについてから夢見るのは、まさしくペトルーシュカたちが踊り出す場面。バレエ初演の舞台では、人形使いのおじいさんが不思議な笛を吹くと、ペトルーシュカ、バレリーナ、そしてムーア人という三体の人形が生きているように踊り出す。クエイ兄弟のフィルムでは、大きな帽子をかぶったペトルーシュカの顔はストラヴィンスキーになっていて、バレリーナがコクトー、そして乱暴者でサーベルを振り回すムーア人の顔がマヤコフスキーになっている。この不思議な笛の場面は、いつもフルート吹きにとっては難しいところだろうな、と思う。どちらかというと素朴な、子供っぽい旋律で、ついつい「音楽」として表情をつけて吹いてしまいがちだが、でもおそらくこの場面に必要なのは上手い笛ではない。ぶっきらぼうで、謎めいた、合図としての笛。レックス・ローソンによるプレイエラの旋律は、もちろん申し分なくぶっきらぼうだ。

ここには人間／機械の境界をめぐって、実にさまざまな層が入れ子になって重なり合っている。

1 ストラヴィンスキーは音楽を人間的にというより機械のように演奏して欲しかった
2 彼が選んだ、ペトルーシュカの主題は、生きているように踊り出す人形の話だ
3 その物語を映像化したクエイ兄弟は、人形をアニメートする仕事を続けてきた
4 彼らが描くペトルーシュカはストラヴィンスキーの顔をしている
5 ストラヴィンスキーの顔をしたペトルーシュカは、眠り込んだストラヴィンスキー（の人形）をそっと片付ける
6 これらの場面に付けられた音楽は、機械による自動演奏で、どこかごつごつしてぶっきら

ぼうな音を発している
――ここで徹底的に避けられているのは、人間が人間の心を持つことだ。

＊　＊　＊

二〇一六年に開催されていた「クエイ兄弟：ファントム・ミュージアム」という展覧会の情報によれば、前述のような初期のフィルムの後も、クエイ兄弟は音楽とは実に密接に絡み合った仕事を続けてきた。二〇〇五年の長編映画『ピアノ・チューナー・オブ・アースクエイク』は、指揮者とオペラ歌手と調律師をめぐる物語だったし、『バルトーク』（二〇一一年）や『ルトスワフスキ』（二〇一三年）といった作品もある。ロックバンド「ヒズ・ネイム・イズ・アライヴ」やピーター・ゲイブリエルのミュージック・ビデオ、あるいはMTVのステーション・ブレイク（曲間のつなぎ）のための映像も。そして『三つのオレンジの恋』（一九八八年）、『スペードの女王』（二〇〇一年）、といったオペラ、バレエの美術も手がけ、昨年はアムステルダムで上演されたルイ・アンドリーセンの新作オペラ《世界の劇場》の初演に、舞台デザインとビデオ映像を提供した。筆者はこれらを追いきれていないが、一つだけ気になったものを挙げておこう。二〇一二年の映像作品『変身』である。これはカフカの原作を実写とパペット・ア

譜例

ヤナーチェクのピアノ・ソナタ《1905年10日1日》より。音符の上に所々つくクサビのようなマークに注目

ニメーションによって描いたものだが、音楽にヤナーチェクの《一九〇五年一〇月一日》（ピアノ・ソナタ）が用いられている。演奏はウズベキスタン生まれのピアニスト、ミハイル・ルディ。これが素晴らしい演奏なのだ。冒頭の何拍子かはっきりしない旋律の合間に打ち込まれる不思議な音型（譜例のクサビ型の記号の付いた音）は、いつ聴いても何だかピンとこなかったのだが、このルディの演奏（そこではダンパーペダルがわずかに踏み込まれていて、これらのスタカートの音の残響が絶妙に残る）で、ようやく得心した。それはCDでも確かめることができる。

注1 Jaroslav Vogel, *Leoš Janáček*, W. W. Norton & Company, 1981.

ヤナーチェク：ピアノ・ソナタ
《1905年10月1日》,
草陰の小径にて第1集,同第2集,他
ミハイル・ルディ(p)
〈発売：2001年6月〉

Chapter 18

音楽はどれほど根源的か？

2017年6月号

理科系が強い大学に勤めていると、江戸時代の絵画の研究なんかして何の役に立つのですか？と真顔で同僚に問われた、というような話をよく聞く。「そんな気楽な研究して我々と同じ給料もらっていいですね」という意味だ。音楽ももちろん他人事ではない。

「役に立つかどうか」というのは最近の大学では常に問われている問題で、これにどう応えるべきかということは筆者の頭を離れたことのない深刻な問いだ。音楽が現代の社会において、たとえば医学とか工学と同じ意味で役に立つわけではない、ということは認めねばならない。大災害が起こったときに、医者と音楽学者のどちらが必要かと問われて音楽学者と答える人はいないだろう。だから、音楽というのは、そんなにすぐに何かの役に立つわけではないけれど、人間にとってとても大切な行為なのだから、研究しておくべきなのだ、と答えることも多かった。

だが、それもなんだか最近疲れてきた。学生に向かってそう言っても、あんまり手応えがないからだ。「音楽」というものは、現代にあっては、たとえば「アイドル文化」とか「ゲーム・ミュージック」とか「ヴォーカロイド」とか、そういう人生の余白の現象に徹底的に封じ込められているから、学生にすれば「音楽が人間にとって大切な行為だ」と言われても全くピンとこないのだろうと思う。音楽は、学校でも主要ではない遊びみたいな教科である（あるいは課外活動の領域である）のと同じように、社会にとってもあくまで害のない「気晴らし」に過ぎないのだから、そんなものが時には魂を揺さぶられるような経験をもたらしたり、あるいはそれを利用することで人間を思いもよらぬ方向に駆り立てたりするのだ、ということは彼らには想像し難くなっている。そういう人たち相手に、音楽の重要性をわかってくれ、と言ってもすれ違いになるのは当たり前で、だからこれはもうちょっとほかの戦略が必要なのだろうなあ……と思っていたら、ちょっと目が覚めるような本を読んだ。まだ出たばかりなので、ここでちょっと紹介してみたい。ジョーゼフ・ジョルダーニア著、森田稔訳『人間はなぜ歌うのか？』（アルク出版、二〇一七年）という本である。

＊　＊　＊

著者ジョルダーニアは、一九五四年グルジア生まれの民族音楽学者で、現在メルボルン大学の教授を務める。グルジアという出自からは自然なことだが、多声音楽の研究から出発し、やがて世界のさまざまな多声音楽の比較を行ううちに、それは思いもかけないような学際的研究に発展した。二〇〇九年に小泉文夫音楽賞を受賞し、読者のなかにはその時の講演を聞いた方もおられるかもしれない。実は、この書物も、その講演を聞いたアルク出版社長からの委嘱に応じて書き下された、という。英語版が先にグルジアの出版社から出ているが、きっかけは日本が作ったという変わった経緯で出た本だ。

全体は二部に分かれる。第一部は「世界に分布する歌のポリフォニー様式」と題され、第一章「モノフォニーとポリフォニー」、第二章「人類の『歌う』文化の歴史」から成る。第二部は「人間はなぜ歌うのか?」と題されて第三章「人類の歌唱の起源」、第四章「誰が最初の質問を発したのか?」、第五章人類はいつ分節した発話に転じたか?」を含み、最後に「まとめ」が置かれている。より詳細な目次はここには引かないが、「言語と音楽のどちらが不変であるのか?」とか、「人類が歌い始めたのはいつか?」など、各区分のタイトルには疑問形が多い。そういえば書名自体もそうだ。これは人類の能力の決定的に重要なポイントが質問する能力にある、と考える筆者による意図的な戦略である。

まず説明しておかねばならないのは、モノフォニー（単声による歌）とポリフォニー（多声による歌）との関係である。現代の日本に生きていると、歌といえば単声による歌をまず思い浮かべるのではないかと思うが、これは世界のどこでも共通する常識ではないらしい。たとえば著者ジョルダーニア氏の故郷、グルジアは濃厚にポリフォニー的な文化だ。筆者が知っている場所でも、たとえばブルガリアの山のなかでは、村人が集まって見事な多声合唱を歌ってくれる（有名な「ブルガリアン・ヴォイス」の原型である）。この本の冒頭近くには、世界をモノフォニーの地域と、ポリフォニーの地域とに塗り分けた地図が掲げられていて（次ページの図）、これが議論の出発点になっている。その地図によれば、東欧からコーカサスはほぼポリフォニー、サハラ以南のアフリカもポリフォニー、そして南米のコロンビアからペルーにかけて、ミャンマー周辺、パプア・ニューギニアあたりもポリフォニー地域ということになる。それ以外の大部分はモノフォニーが優勢な地域で、日本は、と見ると、北海道だけがポリフォニー地域（たぶんアイヌの伝統的声楽のことを指しているのだろう）、本州以南はモノフォニー地域に分類されている。

ヴァルナ（ブルガリア）の古儀式派の人々による合唱（筆者撮影、2006年8月）

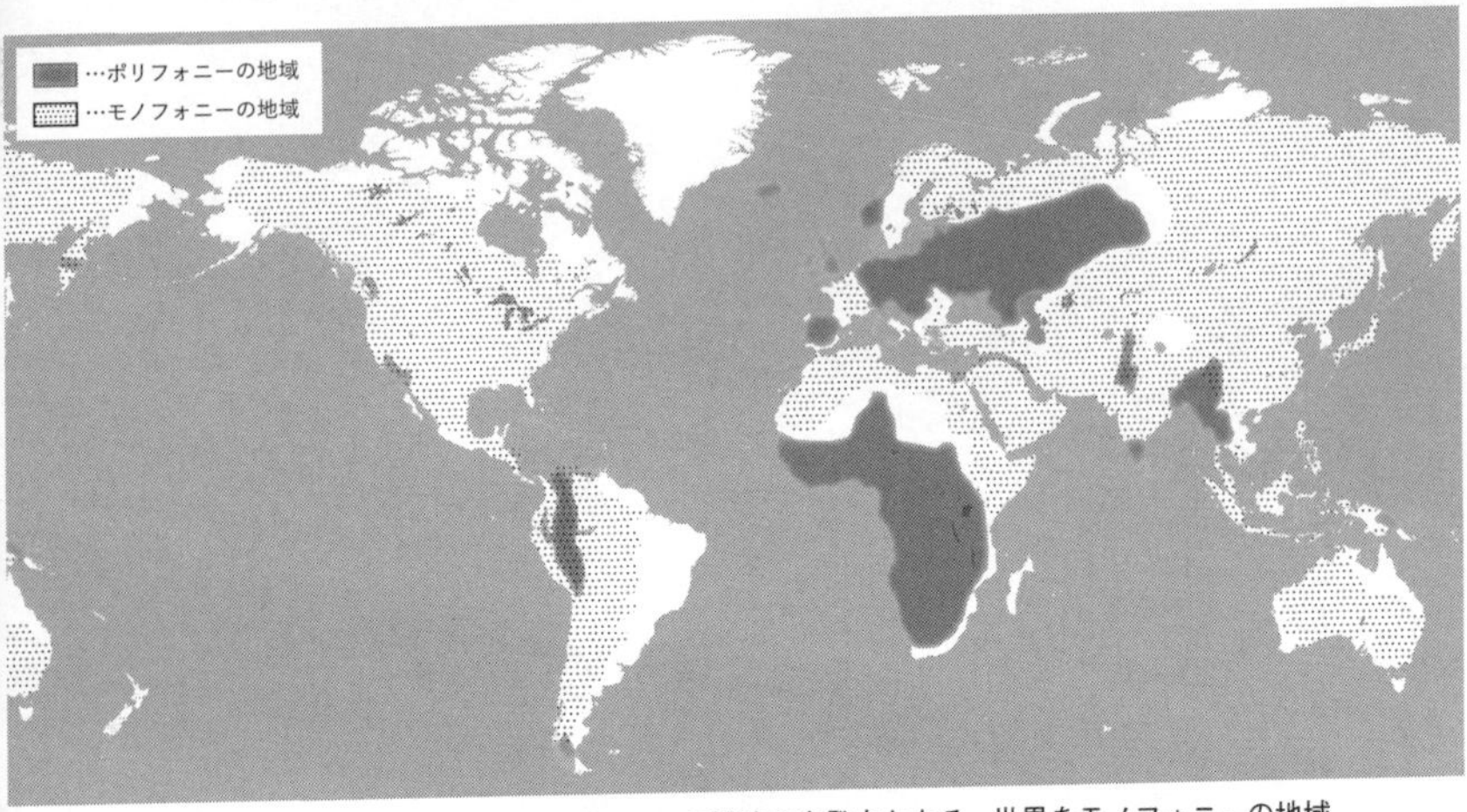

『人間はなぜ歌うのか？』で、ジョルダーニアの議論の出発点となる、世界をモノフォニーの地域と、ポリフォニーの地域とに塗り分けた分布図

さて、このモノフォニー対ポリフォニーという地域的対立をともかく受け入れるとして、ではこういった区別はどのように生じたのか、という疑問が生じる。常識的には、単純な単声の音楽がベースにあり、それが発展して多声的になった、と考えられるだろう。事実、西洋音楽史の教科書を見れば、単声の音楽が次第に複雑化し、最終的にバッハ作品のような、あるいは一二音技法のような精緻なポリフォニーへと発展していったことが書かれている。たしかに数百年単位の短いスパンではそうかもしれない。

だがそれだけでは説明しがたい、ちょっと不思議な現象もある。たとえばグルジアの多声的合唱と、コルシカ島の合唱はほとんど区別がつかないほど似ているが、これは何故か。なんらかの人的交流があって、どちらかの音楽が他方に伝えられたのか、あるいは両者に共通する祖先があって、この両方の地域に分かれていったのか。だがさらに驚かされるのはインドネシアのフローレス島に伝わる多声音楽で、これもグルジアやコルシカの合唱と酷似しているとすれば、これをどう説明すれば良いのか。グルジアやコルシカから、誰かがインドネシアまで漂流して、そこで合唱を教えたなどということは考えがたい。だとすれば、これは偶然に過ぎないのか。

著者の解答は呆気にとられるようなもので、数百万年という長いスパンで見ると、実は人類にとってより根源的なのはポリフォニーの方であり、モノフォニーより古い形態だ、というのだ。そして、グルジアとコルシカとフローレス島に似たような多声の合唱があるのは、その根源的な多声音楽が、辺境に生き残ったからである、という。ちょっとありえないように思えるこの説は、著者が縦横無尽に繰り広げる説明を読んでいるとだんだん説得的に思えてくる。

＊　＊　＊

著者の自然界に対する観察は極めてユニークで、時に思いもかけない指摘がある。たとえば、大きな声をあげている動物は、樹の上で生活する者に限られる、というのもその一つだ。森のなかは（あるいは動物園は）、さまざまな動物の声に満たされているが、それはほぼ頭の上から聞こえる。鳥にしろ、猿にしろ、大きな音をたてる動物は樹上生活者であり、人間は地上で暮らす動物のなかではにぎやかに音を発するほぼ唯一の例外だ、という（筆者自身はここでライオンや象の声はどうなるのかと思ったのだが、後の議論を見るとこれもほぼ納得できる)。鳥も地上に降り立つ時には沈黙する。なぜなら、地上にいる者にとっては、音を出して自分の存在を示すことは、すぐに捕食者の餌食になる危険につながるからだ。人間ももちろん肉食獣に食われる危険とずっと隣り合わせに生きてきたが、地上で静かに見つからないようにして生きるのではなく、他の人間と声を合わせ、できるだけ大きな音をたてるという戦略を選んだのだ、というのが著者の仮説である。それは「視覚的・聴覚的(そして臭覚的)脅迫誇示」という言葉で説明されるような行為であった。人間はそもそも、狩猟者というよりも、ハイエナのように誰かが倒した獲物を横取りする者として生きてきた。その際、ライオンのように狩猟に成功してこれからそれを食べようとしている者を退ける必要がある。一人ではもちろんライオンにかなわないが、人間は集団を形成し、自分(たち)を「できるだけ目立つようにし、できるだけ騒がしくすることで」それを達成してきた。それはまず威嚇であり、また同時にリズムを揃え、それを繰り返すことによって戦闘的なトランス状態に陥って、個人とは別レベルの、集団的なアイデンティティを獲得し、集団の利益のために自分が犠牲になることもいとわなくなる。そのとき発された音は(おそらくはかなり活発な二拍子系のリズムで、不協和音を伴う)ポリフォニーの音楽であった、というのだ。

＊　＊　＊

ところでそうして威嚇しながら、獲物を得たとしても、もちろん強力な肉食獣に殺される人間もいる。それをほかの人間たちは取り戻しに行った、と著者は考えている。そのまま自由に人間を食べさせておくと、その肉食獣に人間を食べることを覚えさせてしまうからだ。それよりも、危険を冒してでも、肉食獣にゆっくり食事することを許さず、仲間が煩く騒ぎ立てれば、人間は殺してもわりの合わない獲物だ、ということを覚えさせることができる。かくして被害にあった人間を連れ帰る。連れ帰ってどうするか。著者は、「食べるか／食べないか」しか選択はなかった、という。そして、それがまた別の肉食獣に食べられてしまうことを避けるためには自分たちで食べる方がずっと理にかなっていた。つまり人類はお互いに傷付けあって、相手を殺して食べたわけではなく、ほかの動物の餌食になった仲間を取り返して、何らかの儀礼的なやり方で食べてきたのではないか、と著者は主張している。この本の最も刺激的な部分だが、著者がここで宗教の起源を暗に示していることは明らかであろう。そしてその「何らかの儀礼」の中心にも、集団的な音楽があった。筆者は「イオマンテ」のことを思い出した。神として畏れる熊を殺し、その霊を丁重に死者の世界に送る儀礼でも、精妙な多声の合唱が中心となる。これはかつて犠牲になった仲間を送った儀礼の名残りなのかもしれない。

＊　＊　＊

これが第三章までの議論だが、このあと第四章、第五章は言語獲得の話となり、これはポリフォニーに始まった人類の音楽の歴史が、次第にそれを失ってゆく（かわって分節化した発話の能力が備わってゆく）過程を描く。この部分はさまざまな要素が詰まっていて筆者もまだ十分に受け止めきれていない。ともかく、前述の戦闘的で集団的でポリフォニー的な合唱と並んで、リラックスしたときに歌われるハミングも扱おうとするあたり、著者はあくまで貪欲で「われわれが心底から社会的で、心底から音楽的である」ことを描ききろうとする意欲に満ちている。

ただここに挙げられるさまざまな例証は、果たして科学的にどこまで確かな話なのか、不安がないわけではない。たとえば生まれたばかりの新生児があげる声は地域を問わずAの音である、という話が周知の事実として出てくるのだが、これは大丈夫なのか（筆者もそういう噂は聞いたことはあるが）。そういう危なっかしさは、そこここに感じられるのだが、ただ世界の民族音楽学の成果を見わたして、長いスパンの巨大なパースペクティヴから果敢に議論を組み立てるというこのスケールの大きさが、筆者には楽しくてしかたがなかった。そして巻末には、動物行動学の岡ノ谷一夫教授（東京大学）による簡にして要を得た解説が付いていて、これは異例ながら本書の価値を高めている。岡ノ谷氏の言う通り、これは「これから発展するであろう学問について挑戦的な仮説を突きつけ、読者を知的闘争によびこむものである」。翻訳も丁寧で読みやすい。

音楽が社会の役に立つのかどうか、などというケチな疑問を吹っ飛ばす、恐るべき本だ。

Chapter 19

ペルミのペトルーシュカ

2017年7月号

モスクワから東へ飛行機で二時間（時差も二時間）、ペルミの空港は、あっけにとられるほど小さかった。荷物の受け取りが終わって、次は税関を通って迎えの人なんかが待っているスペースに出るのだろう、と思って扉を出ると、もうそこは建物の外で、白タクの運転手と、乱雑に停められたその車とが数十人待ち構えている。幸いホテルにお願いしておいた迎えの車はすぐに見つかって、市内に向かう。

空港から街に向かう道は、東欧の街ならどこも良く似ている。殺風景な工場や集合住宅が疎らに建っているハイウェイ沿い、大きな看板がもっぱら道路に向けて立ち並ぶ。ドライヴァーは決まって無口で、運転は巧いけれど強引で、そしてカーラジオからは「東欧演歌」っぽい曲が結構な音量で流れている。そういえばはじめて行った時は、ブダペストもベオグラードもソフィアも、こんな感じだったなあ、と思い出す。こんな風に埃っぽくて、これくらいに「近代的」で、そしてこれくらいヨソヨソしかった。日本の空港を出発してからもう二四時間以上、あまり眠れていない頭には、この道の先に待っているのがどの街なのかもうあんまり定かではなくなってくる。

ペルミは一〇〇万都市なので、市内に入れば市バスはもちろん、路面電車も走っている。それらのほとんどが、筆者がブダペストに留学していた四半世紀前と同じタイプの車両なので、懐かしい。自家用車が（おそらく冬の溶雪剤のせいで）徹底的に埃まみれなのも当時と同じ。街のあちこちで古い建造物が荒れ放題なのもそっくり。ただロシアの土地柄か、街が妙に広大にできていて、旧市街というものがなく、スペースは広大なままに街の中心らしきものが形成されているところが、ロシアの新興都市らしい。そして、その街の中心部に建つ、美しい歌劇場だけが、このペルミを平均的な新興都市から際立たせている。劇場の規模は大きくない。平土間が四〇〇席、三階まであるボックス席を合わせても八〇〇席くらいだろうか。だが装飾は本格的である。

劇場の前に公園があり、その公園の木立のそここに、薄板を切り抜いた、安っぽい人形が立てられている。顔は全部ディアギレフの写真。ロシア・バレエ団の総師セルゲイ・ディアギレフはこの街の生まれで、そのゆえにペルミでディアギレフ・フェスティバルが開かれている。

筆者が行ったのは、その最終日（五月二五日）。劇場の音楽監督、テオドール・クルレンツィスがムジカエテルナの指揮をし、ストラヴィンスキーの《妖精のキス》《ペトルーシュカ》《火の鳥》の三作が新制作初演された。《妖精のキス》は村人の踊りの場面が美しかったし、A・ミロシュチェンコの振り付けによる《火の鳥》も鮮烈。ただ同時にあまりにもナショナリスティックで、ロシア人ばかりに囲まれて観るとちょっと辛い。文句なしに素晴らしかったのは《ペトルーシュカ》だ。振り付けは、マリンスキー劇場に抜擢された注目の若手、ヴラディミール・ヴァルナヴァ。彼自身、ちょっと道化師のようなはかない顔をした、とても魅力的な踊り手だが、今回は自分では踊らない。

＊　＊　＊

音楽が始まる前に舞台下手に丸い台が置かれ、そのうえに所在なさげな少年（？）が立っている。台は直径八〇センチくらい。周囲には飾り電灯が点いていて、これで回転すれば人形の飾り台のようにも見えるし、そのうえの少年が、何かに操られているかのように（でもその魔法がまだ十分に効力を発していないか、それとももう効力が切れつつあるかのように）引き攣るように、もがいているところからすると、一層人形台らしく見える。たぶん彼がペトルーシュカなのだろう。と思ううちに、上手から山高帽を被った人物が、大きなブラシのようなものを持って現れる。初演の舞台の様子を知る人なら、この抜け目なさそうな人相の悪い人物が、人形遣いのおじいさんらしいと見当がつくだろう。人形遣いは、ブラシで台に立つペトルーシュカをくすぐったり、突いたり。音楽はまだ始まらない。ただ気付かないほどの音量でなっていたドラム・ロールが次第に大きくなってくる（初演の舞台でも舞台転換の間奏には、人形小屋のお触れのドラム・ロールが使われた）。と、そこに拍手がわいて、指揮者が入ってきた。オケピットのなかかと思ったら、クルレンツィスは、客席の方から現れ、一番前まで歩いていって、ピットの壁を乗り越えて、指揮台に立つ。彼の傍若無人さをよく現した登場だ。

もう一つ、音楽開始前に、おそらくはこの舞台（「告白／悪魔のなぐさみ」という副題が付いている）の核心となるものが準備されている。上手に転がっているてるてる坊主みたいな人影だ。大きな詰め物をした頭に、目は×印だけ、口が一本線。気を失ったか、まだ魂が宿っていないのか、ぐったりしているだけだ。ペトルーシュカと同じ三角帽（ロシアのお祭りに出てくるペトルーシュカ人形はみんな、赤い大きな鼻に、この三角帽だ）を被っているので、たぶん彼の分身なのだろう。後で仕入れた情報では、このてるてる坊主はペトルーシュカの「ドッペルゲンガー」という位置付けらしい。筆者の印象では、ペトルーシュカの「インナーチャイルド」だ。どちらにしても、半ば操り人形っぽいペトルーシュカの、さらに不完全なコピーだから、この段階では、自発的には動けない木偶に過ぎないのも無理はない。

音楽が始まると、その原色の光彩に圧倒されっぱなしになる。曲はよく知っているはずだけれど、ティンパニがすぐそこで地響きを立て、フルートがふと掠れた音をたてたりするのを聴くと、やっぱり自分の頭のなかで鳴っていた音は、とても粗い複製に過ぎなかったのだ、と痛切に感じる。ムジカエテルナは信じられないほど優秀だ。これだけすぐ近くで、かなりデッドな環境のなかで聴いても、一切荒れたところがなく、恐ろしくシャープで、しかもしっとりと鳴る。

《ペトルーシュカ》の舞台は、一八三〇年代のペテルブルクのお祭り、という設定で、だから初演の背景には、ペテルブルクのランドマーク的な建物が見えているのだが、今回のプロダクションにはそういう具体性はない。ただ中央に人形芝居の舞台の枠らしきものが置かれていて幕がかかっている。

そもそも今回の演出では、登場人物たちが人形であると考える必要もないのかもしれない。ペトルーシュカは、冒頭のやりとりで多少人形らしさが暗示されるが、それ以外の役割（初演の舞台での「バレリーナ」と「ムーア人」）は特に人形的なわけではない。ただ彼らのキャラクターは、ほぼ初演を踏襲している。ペトルーシュカが気になる女の子は「ディーヴァ」という設定で、これは初演時の「バレリーナ」よりもっとゴージャスでセクシーな女性。黄色のドレスが目立つ。「ムーア人」は、筋肉自慢でナルシスティックな大男で、役名は「強い男」である。弁髪みたいな髪型と時折発するキエーッという奇声は、いくぶんカンフー風でもある。

と、このあたりで気付いたのだが、ペトルーシュカを演じているのは、どうも女性らしい。後で配役表を見るとディアナ・ヴィシュネヴァと書いてあったので、やはり女性なのだろう。確かめなければわからないくらいなのだが、それでもペトルーシュカが必ずしも男ではないかもしれない、ということは後々重要になってくる。

＊　＊　＊

第一場は謝肉祭前の祭りの雑踏や大道芸を活写した部分だが、この舞台には群衆は現れない。数人の匿名的な灰色の人物が現れはするが、特に雑踏が描かれるわけではない。中心になるのは「ディーヴァ」と「強い男」の絡みだ。彼らはお互いに惹かれ合う、あるいは惹かれているかのような駆け引きをするのだが、ペトルーシュカはそれが気になって割って入る。このあたりは初演の舞台にも描かれていたが、ただペトルーシュカは、そういうことを嫉妬に駆られてやっている風には見えない。ただ二人のことが気になって、自分でも何をしているのかよくわからないままに思わず二人に近付いていったら、結果的に二人の邪魔をしていた、というとこ

第１場。「ディーバ」と「強い男」の絡みに割って入るペトルーシュカ

ろか。そして印象的だったのは、あの「ロシアの踊り」の音楽で、ディーヴァと強い男は同じ動きをするが、ペトルーシュカが一向にそれに加わらないところである。

第二場は、もともとは「ペトルーシュカの部屋」で、初演ではここでペトルーシュカの人形的な嘆きが描かれる。ストラヴィンスキーの回想によれば、たしかこの場面の壮麗にして可憐なピアノ独奏の音楽が、《ペトルーシュカ》という作品自体の発想の根源になっていたはずだ。今回の舞台でもペトルーシュカが中心だが、ただそれは彼の嘆きというよりは、我知らず悩まされる妄想のようなものに見える。舞台の隅にチープなセットが現れ、そこで灰色の服の上に黄色いブラジャーを着けた人物（たぶんディーヴァの模像）と弁髪のかつらをかぶった人物（強い男らしい）がイチャイチャしていたりする。その後ろにはパンダ（着ぐるみ）が立っていて、これは後でもう一度現れる。

第三場は「ムーア人の部屋」。あまり何も考えていないムーア人が、無邪気に遊んでいたり、バレリーナがこれもまた何も考えていないけれど遊びに来たりする、といったシーン。初演では（少なくともパリ・オペラ座での再演の様子を見る限り）ちょっと説明的なパントマイムに近くなって、第二場のあの鮮烈な独創性に比べると多少ダレるところだが、今回の舞台ではここがとても面白かった。「強い男」がバスタブに浸かって現れる。第一場で着込んでいたあの隆々とした筋肉スーツを着ていないじゃないか、と思ったら、これはあとでちゃんと風呂上がりに着込むシーンが出てくる。そういう作り物の作り物的なところもちゃんと描き込まれているところが良い。おかしかったのは、低弦がイカつい響きを立てる場面で、お風呂に浮かべる黄色いアヒルが大きくなって男を襲う（ような遊びをしている）ところだ。そう思って聴けば、たしかにこの音楽は『ジョーズ』みたいでもあって、観衆からも思わず笑いが起こった。

お風呂のなかで、「強い男」はすこしナヨナヨしてゲイっぽく見えるが、そういえば彼のいかにも典型的な「男っぽさ」も、そしてディーヴァの「女っぽさ」も、両方とも過剰で、彼らの実態とはあまり関係がなさそうだ。ただ彼らは、その典型的なジェンダーを、自分が生きてゆく戦略として受け入れた、ということなのだろう。だから一人でいる時の「強い男」がナヨナヨしていても、それは見ないことにしてあげないといけない。

見ないことにできないのはペトルーシュカだ。彼はまた思わず「強い男」とディーヴァの二人のやりとりに引き寄せられて、二人に割って入ってしまうのだが、「強い男」が凄むと、無邪気にも彼の筋肉スーツのチャックを下ろして、それが偽物であることを暴いてしまう。ディーヴァは驚くが、なぜか「強い男」を非難せずに、ペトルーシュカに張り手を喰らわせる。このあたり、なんとなく私たちが（ペトルーシュカの側か、「強い男」の側か、あるいはディーヴァの立場かはともかくとして）毎日繰り返している過ちのような気がしてくる。

そして第四場。原作ではお祭りの広場に戻っていくところだが、今回の舞台ではこのあたりで冒頭に出てきた人形台のようなものが再び設えられ、そこにペトルーシュカが立たされる。ペトルーシュカは、また冒頭のように引き攣った痙攣的な動きで辛うじて立っている。もう彼が哀切でたまらない。そもそもこの場面の、空から舞い降りる雪みたいな音楽があまりにも美しくて、そしてムジカエテルナの演奏はそのニュアンスを完璧に伝えてくれる。

初演ではジプシーの踊り子やら、酔っ払いの集団やら、熊使いの芸人やらが通りかかるのだが、今回の舞台ではこのうち熊使いらしきものだけが現れる。だが、連れてこられるのは熊ではなくてパンダの着ぐるみ。第二場でペトルーシュカの妄想のなかで出てきたあのパンダだ。そしてパンダはただノソノソと歩き、そしてペトルーシュカの胸に指を突き立てて去っていく。この不吉な仕草の予言するとおり、ペトルーシュカは臨時に作られたリングに放り込まれ、強い

第４場。熊使いに連れられてパンダがドーン

男と無理やり闘わされて、やがて胸にナイフを突き立てられてしまう。いや、刺されるのは、本当はペトルーシュカの「インナーチャイルド」の方だ。そしてまた人形台に戻ってきたペトルーシュカの頭から、いつの間にか指揮台から移動していたクルレンツィスが、ペトルーシュカをペトルーシュカたらしめていた、あの帽子を取って幕。

＊　＊　＊

《ペトルーシュカ》の音楽は、舞台上の出来事との結び付きが強く、根本的な読み替え演出は難しい。今回も、初演の演出から完全にかけはなれたものではない。むしろそれと真っ向から組み合って、現代的なかたちで乗り越えようとしている。ここで描かれているのは、喜劇を演じさせられる悲哀、何かに操られているのではないかという誰もが抱く不安なのだが、それが同時に現代の若者が抱え込まざるを得ないディスコミュニケーションの痛みのようなものと重ねられて、ヒリヒリと痛切に伝わってきた。

ペルミの劇場は、クルレンツィスとムジカエテルナとヴァルナヴァの組み合わせで、ディアギレフとストラヴィンスキーとフォーキンとブノアが作り出した、あのロシア・バレエ団の時代のレベルに到達しつつある。世界のどこよりも間違いなく刺激的な舞台だった。

いつの間にか舞台に現れたクルレンツィス（左）とペトルーシュカ

Chapter 20

ハイドン《迂闊者》

2017年8月号

授業や公開講座のようなところで、ハイドンの音楽の話をすることが最近何度か続いた。特にパリ交響曲集（第八二番～第八七番の六曲）の最初に置かれたハ長調交響曲の第一楽章を詳しく見ていてつくづく思ったのは、ハイドンはどうしてこんなぶっきらぼうな曲を書いたのだろう、ということだ。「ぶっきらぼう」というのは言葉足らずかもしれないが、ともかくここには旋律的喜びみたいなものがほとんどない。冒頭主題はドミソドミ、ソド、ミソというただの分散和音だけでできているし、終結主題はソラシドレミファソラシドレミ、レ、というただの音階上行だ。副主題はちょっと旋律っぽく始まるが、それも何度か繰り返されるうちに全音階から半音階の下行へと溶け去ってしまう。曲は、この「分散和音」や「音階」や「半音階」が上行したり、下行したり、あるいは上行と下行が組み合わされたりすることで進んでいく。極端にいえば、これはほとんど抽象絵画みたいな音楽なのだ。

「パリ交響曲集」というのは、その名のとおりパリのオーケストラ、コンセール・ド・ラ・ロージュ（「ロージュ」とはフリーメイソンの「ロッジ」＝支部のこと）の依頼に応えて書かれた六曲セットである。このオーケストラは「黒いモーツァルト」と呼ばれたジョセフ・サン・ジョルジュ（一七四五〜一七九九年、彼は「クレオール」だった）をコンサートマスターに擁し、一〇〇人以上の楽員を抱える新興の団体だった。よく知られているとおり、ハイドンは当時、ハプスブルクのハンガリー側を代表する大貴族、エステルハージ家の楽長であり、アイゼンシュタットというウィーン近郊の小さな町、あるいはさらにそこから遠くに離れた「エステルハーザ」（エステルハージ家の夏の離宮）に奉職していた。そういう彼にとっては、パリの団体のために交響曲のセットを書く、というのはもちろん気の張る仕事だっただろうし、それなりの意気込みを込めた曲集だったにちがいない。それにしては、最初に置かれた曲の冒頭楽章が、なぜこんな抽象絵画みたいな曲なのか。おそらくこの音階と分散和音だけでできたファンファーレのような音楽は、ハイドンにしてみれば、まずは幕開けを示す「名刺代わり」の音楽だったのか、という気がする。この無色透明な音楽を皮切りにして、この後にはハイドンが使いこなすことのできたさまざまなアイディア、綺想、新機軸、カラフルな音楽が展開される。たとえば、第八二番のフィナーレは、この曲の渾名《熊》の由来ともなった変わった音楽で、低音の前打音付き持続音で始まる。この熊の唸り声のよう、とされる音は、当時の文脈では、非常に田舎っぽい民俗的舞曲を思わせただろう。冒頭楽章は、この異常なフィナーレを導く「地」だ。この「地」があって、《熊》みたいな民俗的舞曲も活きる。そこで問題になるのは音楽としての「造りの良さ」だろう。鞄で例えるなら、派手なデザインや、新奇な色合いではなく、「縫製の良さ」で勝負している、というところだろうか。そういうものを名刺代わりにまず冒頭に置く、というのがハイドンの作曲家としての矜持だったのかなあ、というようなことを考えた。

＊　＊　＊

あれこれハイドンの曲を聴きながら、イル・ジャルディーノ・アルモニコの「ハイドン2032」と題されたシリーズの新盤（第四巻）があった、と思い出し、あらためて聴いてみて溜息が出た。ジョヴァンニ・アントニーニ指揮による演奏は、以前もこの欄で少し触れたが、もちろん溌剌としていて、刺激的だ。だがそれ以上に、この選曲と、CDとしての設えの見事さに溜息が出る。

曲は、交響曲第六〇番から始まって、第七〇番と第一二番、そしてチマローザのカンタータ《宮廷楽長》という組み合わせ。交響曲全集といっても、順番に演奏していくわけではもちろんなく、はっきりしたコンセプトを掲げていくつかを選び、さらにハイドン以外の作曲家による作品も含めるというやり方。それをこんなに高級な水準で実現してしまうプロデュースの力には圧倒される。そのコンセプトは、きちんとブックレットに書かれており、さらに《宮廷楽長》には歌詞の英独仏語対訳が付される（日本版には日本語訳も）。そして、これらを包み込むジャケットには毎回、極めてスタイリッシュな写真が用いられているが、これはパリの写真家集団マグナムの写真家たちが担当する（ちょうど二〇一七年に京都文化博物館で、パリ・マグナム写真展が開催されていて、第一巻で起用された写真家ゲオルギィ・ピンカソフや、この第四巻のリチャード・カルバーの写真を見ることができた）。

ハイドン生誕三〇〇年の二〇三二年までに交響曲全曲録音を完成させる、ということで、果たして三二年までCDという媒体があるんだろうか、と心配していたのだけれど、こうして溜息をついていると、このシリーズだけのためにでもCDを存続させねば、と思えてくる。

Haydn2032 No.4——IL DISTRATTO
〔ハイドン：交響曲第 60 番ハ長調 Hob.I:60《迂闊者》,
同第 70 番ニ長調 Hob.I:70, 同：第 12 番ニ長調 Hob.I:12,
チマローザ：カンタータ《宮廷楽長》〕
ジョヴァンニ・アントニーニ指揮
イル・ジャルディーノ・アルモニコ,
リッカルド・ノヴァーロ（Br）
〈録音：2016 年 3 月〉

＊　＊　＊

交響曲第六〇番は、このCDの解説にも書かれているとおり、《迂闊者》と呼ばれる。もともとフランスの喜劇作家ジャン・フランソワ・ルニャール（一六五五〜一七〇九年）による五幕からなる喜劇 Le Distrait（一六九七年初演）が、エステルハージ家でドイツ語版 Der Zerstreute として一七七五年に上演された際に書かれており、《迂闊者》とはまさしくこの劇のタイトルに由来する（CDでは、交響曲のある写本に書き込まれたイタリア語のタイトル IL DISTRATTO が採られている）。つまり、この曲は本来劇音楽として書かれており、事実ここには劇の前に奏された「序曲（シンフォニア）」と各幕間に奏された音楽、そして劇の後のフィナーレの六曲が含まれる。劇音楽といっても、劇中にも音楽が奏されるシーンがあって、それらから抜粋して交響曲に仕立て直した、というわけではなく、もともと序曲、幕間の音楽、終曲の六曲しかなく、それが「交響曲」として通用してきた、というのが実態らしい。

このあたりまではある程度知られているし、少し調べればいろいろなところに書いてある。だが、そこから先のことは日本語で読めることは限られているようだ。第八二番と違って、同じハ長調でも、この思いっきりカラフルな第六〇番については、もうちょっと踏み込んで見た方が面白い。

そもそもルニャールに由来するこの喜劇の梗概は次のようなものだったようだ。グロニャック夫人は、娘イザベルを結婚させたがっている。相手として選んだのは、「迂闊者」レアンダーである。だが、イザベルは、レアンダーと結婚する気はなく、レーベマン・シュヴァリエを愛している。ただシュヴァリエはあんまり身持ちが良くない。一方、レアンダーはシュヴァリエの妹、クラリスを愛しているが「迂闊者」だけに、あんまりアテにならない。こういう状況にあって、レアンダーが、クラリス宛てに書いたはずのラブレターを、うっかりイザベルに届けてしまったりしたので、話はますますこんがらがる。それでもなんとか二組のカップルが結ばれ、ようやく結婚式、となったが、最後に「迂闊者」レアンダーは自分の結婚式を忘れて旅に出てしまう。

こういった物語の出来事やキャラクターが、ハイドンの音楽のそこここに顔を出す。E・シスマンの整理[注1]に従って、ちょっと紹介してみよう。

まず第一楽章。前述の通り、これはおそらく劇の前に演奏された「序曲」であり、劇の主題、ないし主要なキャラクターが暗示される。つまりは「迂闊者」が描写されるのだが、それが一番はっきりしているのは、副主題部分（譜例1）で、何かをしているうちに別のことに気をとられて、でも手元は機械的に動いていて……そしてハッと気がついて正気にかえる、といった様子が、ペルデンドーシから*pp*、そして*ff*といったあたりに活写されている。「迂闊者」といって

譜例 1

も単にぼーっとしているわけではなくて、ほかのことにすぐに気を取られて気もそぞろ、といった様子を指しているらしい、ということが音楽を聴くだけで理解できる。そもそも冒頭主題の忙しく立ち回るような動きもこの喜劇の基調を示しているし、ゆっくりした序奏部のほんの少し格式張り過ぎていて、それでいてちょっと内容空疎なところも、劇の性格と呼応しているのかもしれない。さらに展開部では、いつの間にか分散和音の下行型がシンコペーションに乗ってあらぬ調の方角へ突っ走っていくが、これは二年前に書かれた交響曲第四五番《告別》（長引くエステルハーザでの滞在から早く腰を上げてほしい、ということを示唆するために、終楽章で奏者が自分のパートが終わるとロウソクを消して席を立ってゆく、というあの特異な作品）のテクスチュアそのままであり、作曲者本人が交響曲を取り違えている、という空恐ろしいジョークにもなっている。

第二楽章では冒頭から全く異質な音形がぶつかり合う（譜例2）。ピアノ、レガートで、弦楽器だけによる優しい動機A（第一〜四小節）に、フォルテで、管楽器を含むスタッカートの鋭角的な動機B（第四〜五小節）が切り込んでくる。これは娘イザベル（A）に、母グロニャックが命令している（B）と見るのが普通のようだ（CDのブックレットにも書かれている）。面白いのは、むしろその後（第二二小節〜）で、いつまでたっても終わらないフレーズは、母のお小言だろうか。そして展開部、第六三小節からは、ちょっとあらたまった舞曲のような旋律が現れるが、これはおそらくフランス風の舞曲であり、シュヴァリエを暗示している、とシスマンは推測している。

第三楽章メヌエットで面白いのは、トリオの部分（譜例3）。このとぼけた、冗長すぎる音階の上下行が、第二幕でようやく現れる主人公レアンダーの迂闊ぶりを表す。

第四楽章は、いきなりハ短調の深刻で切迫した音楽で始まるが、それは単にピアノで繰り返されるだけで、どうもオーバーアクション気味だ。そして音楽はすぐに長調に転化してしまう。それ以後現れるのは、ユニゾンで奏される不気味な俗謡

譜例2

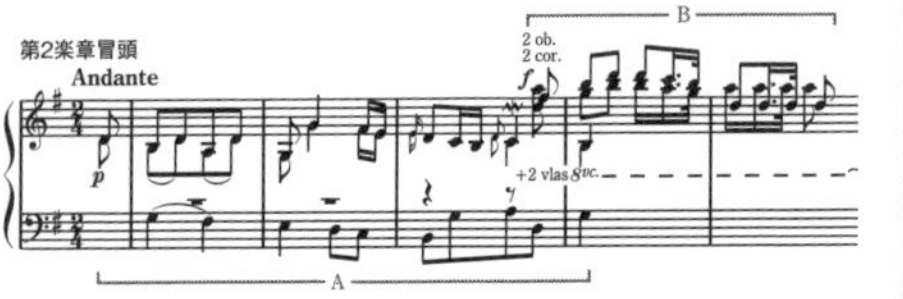

譜例3

的旋律（第六一小節〜）と、持続音を伴うジプシー音楽（第八二小節〜）、そして派手な音程跳躍を伴うバロックの劇音楽的な楽句（第一一〇小節〜）。そして締めくくりには、あまり論理性はないけれど、ともかくめでたしめでたしで幕引きをするような音楽が来る。この旋律も当時知られた俗謡だったようだ。

譜例 4

第五楽章は「ラメンタツィーネ」で、息の長い旋律が続いたと思うと、唐突にファンファーレが割り込んできたり、最後にやはり突然アレグロになって終わったりするところは、やはり音楽的な論理だけでは辿れず、何らかの劇中の出来事との関係を思わせる。だが、より面白いのは、この息の長い旋律の方（譜例4）で、よく聴いてみると、この静けさにはどうも作りものめいたところが漂う。堂々巡りのような繰り返しが多いし、前楽節／後楽節といった構造が間違っているし、急に妙なところで終わる。シスマンは、これが第四幕で続いた、さっぱりラチの開かない会話と関係しているのではないか、と書いている。アントニオーニとイル・ジャルディーノ・アルモニコの演奏では、この奇妙な静けさのその「奇妙さ加減」が、弦楽器の変なフレー

ジングによって伝わってくる。

そして第六楽章。開始直後に音楽が止まって、調弦が始まる、という驚天動地の仕掛けは、この曲の一番有名な部分だが、それ以外にも「夜警の歌」と呼ばれる俗謡の旋律が引用され、音楽は、最後まで目まぐるしく、頓珍漢なままに閉じられる。

＊　＊　＊

前述のとおり、このCDにはほかに交響曲第七〇番と第一二番が収録されている。第七〇番（一七七九年）の方は、終楽章に三つの主題を綿密に織り上げた三重フーガを持つが、その前後に道化が挨拶するかのような可愛らしい同音反復動機が潜ませてある。第一二番（一七六三年）はペルゴレージの《奥様女中》のセルピーナのアリアそっくりのメロディが現れる。いずれも「劇場」と縁の深い作品、というのがこれらの交響曲がここにカップリングされた理由のようだ。

そして、最後に置かれているのは、楽長ハイドンが預かっていたエステルハーザの劇場でも、しばしば取り上げられたチマローザの作品。それも《宮廷楽長》という音楽（一七九三年初演）である。バリトンが「楽長」として、オーケストラに練習をつけ、失敗を繰り返す奏者たちをなだめすかして、上演へともってゆくさまが演じられる。このテーマならいくらでも面白いことができそうだが、まだまだ小手調べといった趣きで、チマローザの作品かどうかも怪しい。それでも、ともかくこれは劇場的趣向の限りを尽くした宮廷楽長ハイドンの作品への、イタリアからの「返歌」としてここに置かれるに申し分ないものだろう。

注1　E. R. Sisman, "Haydn's Theater Symphonies", *Journal of the American Musicological Society* XLIII, No.2（1990）, pp.292-352.

Chapter 21

ユーラ・ギュラーのフレンチ・バロック

2017年9月号

数年前、家庭裁判所に通っていたことがあって（どうして通っていたかについては、ご想像にお任せしますが）、いろいろ疲れることがあり、たぶん傍目にも生命反応が弱っていたのではないかと思う。いろんな人がさまざまなかたちで励ましてくれた。ドン底の人のためのブレスレットというのをくれた人もいたし、単純に家族の写真を送って和ませてくれた人もいる。なかでも、ありがたかったのは、ユーラ・ギュラーのCDを教えてくれた人がいたことである。最初の著書でお世話になった編集者、Mさんだ。

ユーラ・ギュラーというピアニストは、後から考えると知っているべき存在だったが、筆者はそのときまで知らなかった。はじめて目にする壮絶な美人のジャケットを見ながら、聴き始めてしばらくしてだんだん言葉を失っていった。筆者が聴いたのは、*The Art of Youra Guller*

*1895-1980*というＣＤである。最初にバッハの《幻想曲とフーガ》ＢＷＶ五四二と《前奏曲とフーガ》ＢＷＶ五四三をリストが編曲したものが収められていて、とてもスケールの大きい演奏だが、残響の多い、ちょっと大時代的な響きだな、と思う。だが、三曲目アルベニス（といってもイサークではなくて、マテオ・アルベニス一七五五〜一八三一年の方だ）のソナタあたりから、呆気にとられ始める。スカルラッティみたいな単純で洒脱な音楽で、おそらくチェンバロか、ごく初期のフォルテピアノ向けの曲なのだろうが、このモダン・ピアノによる演奏がとても魅力的に響く。ホロヴィッツの有名なスカルラッティの録音（これは一九六二〜一九六八年の収録）を思い出したが、後で知ったことを考え合わせると、これはあながち的外れな連想ではなかった。ともかく一体、どういう人なのだろうとパンフレットを読み始める。

＊　＊　＊

先ほどのＣＤのタイトルでも明らかだが、ユーラ・ギュラーは一八

The Art of Youra Guller 1895-1980
〔J.S. バッハ（リスト編曲）：幻想曲とフーガ BWV.542,
同：前奏曲とフーガ BWV.543, M. アルベニス：ソナタ　ニ長調,
F. クープラン：花笠、もしくはやさしいナネット, ラモー：鳥のさえずり,
ダカン：つむじ風, バルバートル：ロマンス ハ長調,
ショパン：練習曲 Op.25-2, 同：バラード第４番,
グラナドス：アンダルーサ, 同：オリエンタル〕
ユーラ・ギュラー（p）
〈録音：1975 年〉

九五年マルセイユ生まれ、一九八〇年に亡くなっている。父親がロシア系、母親がルーマニア系のユダヤ人で、両親は彼女が生まれた頃には、ロシア東欧地域で激しくなっていた反ユダヤ主義から逃れてフランスに移住していた。といっても、彼女の幼少期、フランスは一八九四年に起こったドレフュス事件の真っ只中であり、反ユダヤ主義の影は常に身の回りにあっただろう。本名は、ローズ・ジョルジェット・ギュラーだが、ミドルネーム「ジョルジェット」のロシア風愛称「ユーラ」が通名となる。

父親もヴァイオリニストを目指したことがあり、彼女の音楽的才能は小さい頃から抜きん出ていた。ピアノは五歳の時に学び始め、六歳ですでに演奏会を行った、という説もある。パリ音楽院に一九〇四年、九歳の時に入学し、イシドール・フィリップに師事した。ドビュッシーの親友で、ドビュッシー作品の演奏で有名だったピアニストだが、彼もハンガリー出身のユダヤ人である。一九〇九年、ギュラーは一四歳で音楽院を首席で卒業したが、その頃にはすでに演奏活動を行っていた。この時第二位だったのが、クララ・ハスキルだ、という。彼女はギュラーと同年の一八九五年ルーマニア生まれのユダヤ系で、二人は似た境遇にあり、後年まで付き合いは続いた。

一九一五年、第一次大戦中に約一年にわたって、彼女はウィーンにレシェティツキのメソッドを学びに行っている（レシェティツキは、ペテルブルクやウィーンで教えた高名なピアノ教師だったが、この年の一一月にドレスデンでなくなっているので、本人に師事したというより、その高弟に学んだのだろう)。

　大戦間期、ギュラーは音楽界の中心にいた。コルトー、ティボーといったフランス音楽の中心人物たちは彼女の演奏を絶賛した。プロコフィエフやストラヴィンスキーといったロシアの作曲家たち、あるいはディアギレフやニジンスキーといったロシア・バレエ団の人物たちが彼女を取り巻いていた。カザルスや、アンドレ・ジイドや、アルフレート・アインシュタインも彼女の演奏に心奪われた。またルーマニア王妃マリアのサロンでは、王妃の親友であったマリー・カンタキュゼーヌと後年結婚することになるジョルジェ・エネスクとともに、常連だった。ジュネーヴの音楽院で教えた、という話もあるが、やはりジュネーヴで教えることになるルーマニア出身のリパッティももちろん彼女と面識があっただろう。東欧・ロシア世界とは、両親の出自であるということを超えて、生涯にわたって密接な関係を保ち続けたと考えられる。

　この頃の彼女は、容姿の点でも特別の輝きがあり、映画女優にならないかと言われたという話も有名だ。グレタ・ガルボを念頭に用意された役だったというが、写真で見る限り、ガルボよりもっと鋭い印象がある。後年には、さらに凄みのある、妖気と貫禄に満ちた女性になってゆく。

　一九三四年に上海に移住し、そこに八年間とどまった、とされているが、この頃のことはあ

後年のギュラー

まりよくわからない。大戦中にフランスに戻ったが、すでにドイツ軍の支配下にあったパリにいるわけにいかず、マルセイユのシャトー・モントルドンに匿われた。ここは大戦中、多くのユダヤ人を救った場所で、現在はマルセイユの陶芸美術館になっている建物である。クララ・ハスキルもやはり大戦中ここに身を寄せていた時期がある。

そして第二次大戦後、ギュラーは健康もすぐれず、音楽界からは忘れ去られていった。一九五五年六〇歳になった頃から経済的な理由もあって演奏活動を再開し、ポツリポツリと録音も残すようになる。ニューヨーク・デビューは一九七一年で七六歳の時。そして冒頭に挙げた録音は一九七五年で、八〇歳のときのもの、ということになる。

＊　＊　＊

筆者は、あまりにも若かったり、あまりにも老齢の演奏者には、いつもならそれだけで身構えるのだが、このギュラーの演奏はそういう疑心を忘れさせるものがあった。アルベニスの後、四曲目には、クープラン（一六六八〜一七三三年）の〈花傘、または優しいナネット〉（《組曲》第一集より）がくる。これはなんとも不思議な感触を残す演奏で、右手と左手のテンポが違うように聞こえる。右手のメロディの方がゆったりしていて、左手はスタスタと進むのだが、それで辻褄が合っているのは魔法のようだ。でも二〇世紀前半の演奏には時々こういう魔術的な演奏があって、これは第二次大戦で消えてしまった極意の一つだろう。そして、その不思議なテンポの隙間から人の心を掴んではなさない魅力がこぼれてくる。

五曲目はラモー（一六八三〜一七六四年）の〈鳥のさえずり〉（《クラヴサン曲集》第二集より）。奇矯な演奏がいろいろある曲だが、ギュラーの演奏はとても穏やかで、物静かだ。その次はラモーのライバルでもあったルイ＝クロード・ダカン（一六九四〜一七七二年）の《つむじ風》。題名通り、小さな旋風を思わせる曲だが、十分に可愛らしくて、明るい演奏だ。

そして七曲目、クロード・ベニーニュ・バルバトル（一七二四〜一七九九年）の《ロマンス》が、このCDの白眉だろう。先ほどから作曲家の生没年をしつこく書いているのは、このフレンチ・バロックの作曲家たちの流れを示したいと思うからだ。バルバトルは、ラモーの弟である、クロードに師事し、後にはノートルダム大聖堂のオルガニストとなり、マリー・アントワネットにもクラヴサンを教えたという作曲家だ。素直な旋律に、三連符の伴奏がついているだけなのだが、ギュラーの手にかかると、どの一拍も全部ニュアンスが違う。とりわけ音楽が少し翳りを見せる中間部では、三連符一つ一つが信じられないほど自在に伸縮し、それでいて全体は深々と呼吸していて少しも微視的にならない。

この後、ショパンが二曲（《エチュード》作品二五の二と《バラード》第四番）とグラナドスの《スペイン風舞曲》から二曲（〈アンダルーサ〉と〈オリエンタル〉）が入っていて、これらも素晴らしい。ショパンはここではフランス音楽の延長として聞こえ、バラード第四番の最初に置かれた一節が、冬の弱々しい陽だまりみたいに切なく響く。またギュラーは、フラメンコを本格的に習ったほどスペイン音楽には夢中だったというから、グラナドスの演奏にはとても説得力がある。

どの曲の演奏も、一つ一つの音が磨かれているのに、音楽に対して適度に距離があり、テンポが自在で、音楽がごく自然に呼吸している。この演奏を聴いた後でほかの人のものを聴くと、その多くが、ハンドルにかじり付いて運転している初心者ドライヴァーみたいに感じられてしまう。ギュラーの方は、楽な姿勢で、ハンドルを持っているのも意識させないうちに、スイスイと難所をくぐり抜けて行くのに。そして、この録音には、ある時期までのパリ音楽院で伝えられてきた音楽史観と、それとセットになっていた演奏の奥義のようなものが見て取れる。そういう知的伝統や奥義といったものは、本当に失われることがあるのだ、と最近の大学生に業を煮やしている筆者はため息をつく。

＊　＊　＊

後で知ったことだが、ギュラーにはベートーヴェン晩年のソナタ（第三一番と第三二番）のレコーディングがあって（おそらく一九七三年）、名演として名高い。特に第三一番の方は、素晴らしい。だが愛着という意味では、弱っていた頃に教えてもらった、このNimbusのレコードは格別だ。ほぼ時代順に並び、フランス宮廷の音楽に、次第にヨーロッパの東や西の影が差し込んでくる構成もいい。この構成も平坦だったはずはない、ユーラ・ギュラーという女性の長い生涯と無縁ではなかったのだろうと思えてくる。

Chapter 22

リリー・パストレの城館で起こったこと：グランツベルクの音楽

2017年10月号

前回ピアニスト、ユーラ・ギュラーについて書いたのだが、それに関連して、元院生でシャンソンの研究者である樋口騰迪君が、いろいろ関連情報を教えてくれた。一つは、ギュラーの結婚相手について。彼女は一九二一年に結婚するが、その相手はやはりユダヤ系であったジャック・シフラン（一八九二〜一九五〇年）である。この人は、アゼルバイジャンのバクー生まれの編集者で、愛書家には馴染み深いガリマール書店のプレイヤード叢書を創始した人物である。

筆者が生まれ育った京都の実家の近くに結構本格的な洋書店があって、小さい頃はそれが書店であることも認識していなかったが、大学院に入った頃から時々覗くようになった。二階に芸術関係の本が並んでいるので、いつもはそこに直行するのだが、思想書や文学書の棚をふらついていると、立派な革の背表紙に、ぎっしり活字が詰まったプレイヤード叢書が並んでいて、軽い書痴の気がある筆者はフランス語も読めないのに、その前に立ち尽くしていたことがある。もともとはシフランが一九三一年にプレイヤード出版社という会社を興し、そこが出版していたシリーズで、後に経営が困難になり、アンドレ・ジイドなどがガリマール書店を説き伏せて、シリーズごと買い取ることになり、シフランはガリマール社でこのシリーズを任されている。ギュラーと結婚していたのは、一九二一年から二七年の間というから、このプレイヤード叢書が始まる前だが、前回も書いたようにアンドレ・ジイドとギュラーとは親交があり（ジイドが自分の弾くショパンを批評してほしい、とギュラーに聴いてもらったとのこと）、ともかくガリマール書店の周辺にいた文学者たちとは縁が深かったようだ。のちの上海滞在もこのあたりの人脈と関連しているらしい。

＊　＊　＊

もう一つ樋口君に教えてもらったのは、アストリート・フライアイゼン著『ピアフのためにシャンソンを：作曲家グランツベルクの生涯』（藤川芳朗訳、中央公論新社、二〇一〇年）という本である。これは、ガリツィア生まれのユダヤ系で、ピアフの《パダム……パダム》など、多くのヒット曲を書いた作曲家ノルベルト・グランツベルク（一九一〇〜二〇〇一年）の伝記だ。彼はヴュルツブルクで育ち、やがてナチスを逃れてパリに出て、その輝かしい才能を頼りに成功を収める。映画音楽や流行歌の作曲家として、ピアニストとして次第に名を成すなかで、彼はビリー・ワイルダーやジャンゴ・ラインハルトなど幾多の才能と出会う。そのなかの一人にエディット・ピアフがいて、彼女はユダヤ人であるグランツベルクを自分の伴奏ピアニストとして臆せず雇い、やがて彼を愛し、翻弄し、そして救うことになった。この本はグランツベルクの晩年に知り合った女性記者が丁寧なインタビューを基に書いたもので、このグランツベルクという才気煥発で、だがどこか投げやりなところもある人物の生涯が生きいきと浮かび上がってくる。

作曲家ノルベルト・グランツベルク（1910～2001）も、当時モントルドンの城に匿われていた一人だった

パリで活動していたグランツベルクは、やがてナチスの侵攻によって、南仏に逃れ、そこでもだんだん追い詰められてゆく。一九四一年末には、ユダヤ人迫害法も成立して、ユダヤ人は職業の制限を受け、やがて街を歩くのも危険な状況となる。困窮していたグランツベルクに、ピアフが救いの手を差し伸べ、彼女の仲介で匿われることになったのが、モントルドンの城館だった。前回、やはりユダヤ系だったユーラ・ギュラーが戦時中一時匿われた、と書いた場所であ

る。

モントルドンの城館が何であったか、おそらくこれは日本語で読める一番詳しい情報だろうと思われるので、少し引用してみよう。

＊　＊　＊

マルセイユ市の境界線から6キロメートルほど離れたモントルドンというところに19世紀に建てられた城があり、周囲は広大な庭園になっている。まわりにはいくつもの独立した小さな館があり、池や水路や竹林もあって、棕櫚の木にミモザ、マグノリアにプラタナスが生い茂っていた。〔……〕城の内部はネオバロックの粋を凝らしたもので、誰もが息を呑む。それというのも、階段部分は白い大理石でつくられており、賓客用の階では化粧漆喰がピンクやオレンジ色や緑の色調を帯びて輝いている。

この本館とは別に「プロヴァンス風のヴィラ」もあった。

そこでは、クリスタルのシャンデリアの下に黒っぽい上品な木の家具が置かれ、観葉植物のあいだに明るい色の籐の椅子があり、白く塗った屋根つきのテラスには噴水がしつらえてある。

この城の主人はマリー＝ルイーズ・ドゥブル・ドゥ・サン＝ランベール・パストレ伯爵夫人、通称リリー・パストレ（一八九一〜一九七四年）という女性だった。彼女はテニスや水泳を得意とするかたわら、ピアノも学び、「大胆で常軌を逸した女性」として知られていた。彼女はロシアの血も入っているようだが、一方でベルモット酒のブランド「ノイリー・プラット」の創始者の末裔という豊かな家庭に育ち、一九一八年にはジャン・パストレ伯爵と結婚して、「伯爵夫人」の称号を持つことになる。一九二〇年代、パリのマリー＝ブランシェ・ドゥ・ポリニャック（一八九七〜一九七四年、ファッション・ブランド「ランヴァン」の創始者の娘で、自身はソプラノ歌手、のちにジャン・ポリニャック伯爵と再婚した、有名なウィナレッタ・ポリニャック伯爵夫人の親戚である）のサロンなどに出入りし、そこで多くの芸術家と知り合い、そしてそのパトロネージュや慈善活動に興味を持つようになる。

一九四〇年にリリーはパストレ伯と離婚するが、そのときに夫の資産であった前述のモントルドンの城館を引き継ぐ。そしてパリがドイツ軍によって占領されると彼女は「自由地区」であったモントルドンに移ってきた。彼女は本館をアメリカ領事館に貸し、自身は前述のプロヴァンス風のヴィラの方に住んだ。そして多くのユダヤ系の芸術家たちを匿う。そのなかに、ギュラーもいたし、グランツベルクもいた。そのほかにもクララ・ハスキルは病を得て、妹のジャンヌ・ハスキルの手引きでこの城館で治療を待っていたし、ハープ奏者のリリー・ラスキーヌ（一八九三〜一九八八年）も一時匿われている。彼らは、もし手入れがあった場合は、城からすぐの海岸の断崖に穿たれた洞穴の一つに隠れることになっていた。グランツベルクたちは、もしもの時に備えて、城からその洞穴まで、夜でも物音を立てずに移動できるよう、「ストップウォッチ片手に」訓練した、という。

＊　＊　＊

ユダヤ系以外でも、パブロ・カザルスやジョセフィン・ベイカーがこの城館に滞在した。伝記著者の筆がとりわけ踊っているのは、一九四二年七月二九日に行われた「夏の夜の夢」の公演である。

モントルドンの城につどった輝かしい人びとの輪の中に、当時37歳だったボリス・コフノもいた。彼は17歳で早くも、バレーの神様ディアギレフの振付師および私的な秘書をつとめた。コフノは第二次大戦後、フランス文化の世界でもっとも影響力のある一人となる。城にはまた、コフノの友人で有名な舞台美術家クリスティアン・ベラールと、モーリス・ラヴェルの弟子で指揮者、37歳だったマニュエル・ロザンタールもかくまわれていた。〔……〕わざわざこの芝居のためにジャック・イベールに作曲を依頼し、それをロザンタールが指揮した。コフノが演出を担当し、ベラールとイーゴリ・ストラヴィンスキーの姪のイラ・ベリーヌが舞台美術と衣装を受け持った。

一説には、このとき若き日のクリスティアン・ディオールが衣装を作った、とも言われる。オーケストラのメンバーの九割以上はユダヤ系だった。ヴィシー政権下で、この時期に、これほど多くのユダヤ人をメンバーに抱えて公演を行なったリリー・パストレは、大胆というより、ほとんど無謀だった、と言って良い。

ちなみにこの音楽は、イベールの作品目録では、《エリザベス朝の組曲》の名で知られる作品である。あまり録音もない曲だが、何も知らずに聴けば、曇りのない典雅な音楽でしかない。だが、それがこんな緊迫した状況のなかで上演されたのだ、と考えるとちょっと特別な感慨がある。ギュラーがもしこの時まで城に居たら、当然上演にも立ち会っただろうし、少なくともここに名の上がった人々との交流はあっただろう。

一九四二年一一月（つまり「夏の夜の夢」の公演からわずか四ヶ月後）、ドイツ軍はマルセイユを占領し、すぐにこのモントルドンの城館を兵舎として接収した。だが、ギュラーも、グランツベルクも、このときにはもう城を後にしていて、難を逃れている。戦後、リリー・パストレは、エクス・アン・プロヴァンス音楽祭の創始者となり、その初期の活動を支えた。

大戦中のスリリングな描写を読んでいると、やはり前章で見たギュラーの演奏も、偶然生まれたわけではない、と思われてくる。あれは、ここに描かれているような過酷な体験をくぐり抜け、そしてフランスの最高の知性と、洗練の極と言えるような文化に取り巻かれていた演奏家が、その晩年に辿り着いた演奏の記録なのだ。

＊　＊　＊

グランツベルクの伝記は、もちろん彼の幾多のシャンソンを聴きながら読んでいたのだが、本書の視点からとりわけ面白かったのは、むしろ晩年のユダヤ的作品である。たとえば、一九八四年に書かれた《イディッシュ組曲》。伝記によれば、これは音楽の第一線から遠ざかったグランツベルクが、パリのゲーテ・インスティテュートの図書室で本を探している時に出会ったアイザック・バシェヴィス・ジンガーの著作に触発されて書かれた、という。おそらく『ルブリンの魔術師』として邦訳されているものが特に彼が夢中になって読んだものだろう。それを読むうちに、グランツベルクは昔、母から聞いた東欧のシュテートル（ユダヤ人の集落）の様子を思い出し、そのイメージからピアノ四手のための作品が生まれた。グランツベルク自身はほとんど記憶を持たないが、両親はロハティンというガリツィアの小さな町の出身で、小説の舞台とそんなに離れていない。

　音楽は七曲から成る。それぞれイディッシュ語由来のタイトルが付いているので並べてみよう。〈シュテートルで〉〈おばあちゃんが初めての舞踏会を回想する〉〈子守歌〉〈馬車に乗ったヨッセレとヤンケレ〉〈ミツヴェ・タンツ〉〈ポグロムとカディッシュ〉〈それでもなお……〉。〈ミツヴェ・タンツ〉は結婚式で男女が踊る舞曲。直接触れ合ってはいけないので、ハンカチの両端を持って踊るのだが、はじめのうちおとなしくハンカチを介して踊っていた二人は、舞曲のテンポが上がるとともにだんだん近付き、ハンカチのことなんか忘れてしまう。「カ

A Yiddish touch in Paris
〔グランツベルク：イディッシュ組曲，ワルツへの招待，外国の祭りのための音楽〕
ノエル・リー，ジェフ・コーエン（p）

ディッシュ」は死者のための祈りであり、ポグロムの犠牲者のための歌だ。

とりわけ魅力的なのは第二曲。舞踏会なので、もちろんワルツなのだが、おばあさんが回想しているからか、いくぶん哀愁を帯びていて、その浮きうきした気分と哀しみとのバランスが絶妙だ。さすがにかつてのヒットメイカーだけあって、メロディはいかにもキャッチーで、アレンジは洗練の極み。いわゆる「クレズマー音楽」のリバイバルとはまた少し趣を異にするユダヤ的大衆音楽の伝統を体感することができる。筆者が聴いたのは、*A Yiddish touch in Paris* というCDで、ノエル・リーとジェフ・コーエンが演奏している。

Chapter 23

五〇年代のヴェーグ弦楽四重奏団

2017年11月号

歳のせいか、この連載のせいか、最近はじめて東欧に出かけた時のことをよく思い出す。八〇年代のある年の夏の終わり、ドイツで一ヶ月の語学研修に参加し、それを終えて、列車でブダペストの南駅に着いたのが、もう夕刻だった。予約しておいたホテルまで、岩のように重い大きな荷物を引きずりながら辿り着いてみると、たしかに予約はあったのだが、泊まるのはここではないと言われ、そこからさらにもう少し離れたところに行くよう告げられた。住所を頼りに埃っぽい住宅街を抜けてその場所に行くと（重いトランクの車輪は、そのヤクザな道路のせいで、ほとんど動かなくなった）、それはほとんどただの民家で、本当にこれがホテルの一部なのか、だまされたのではないか？　と不安になってくる。ともかくベルを押して到着を告げると、その家の主婦のような人が迎えてくれ（今考えると、ホテルが客室の宿泊以外にホームステイの斡旋みたいなことをしていたのではないか、と思われる)、通されたのは屋根裏みたいな部屋だった。とりあえず今夜寝る場所は確保できた、とやっと一息つくと、もう日は完全に暮れている。ベッドに寝ると、天上が屋根の角度に斜めになっていて、そして大きな天窓が付いていた。夏の宵、その大きな窓を開け放つと、すぐ目の前に星空。近所の子供たちが遊ぶ声や犬の声もだんだん静かになり、夏の虫のにぎやかな鳴き声だけが聞こえくる。昼間経験した、なんとなく不可解で、埃っぽい街の様子と、聞きなれない虫の声のコントラスト、そしてすぐそこにあるような大きな星空。それはその後、筆者の東欧イメージを大きく左右することになった。

＊ ＊ ＊

この時だったか、その次にブダペストを訪れたときだったか、ちょっと自信がないのだが、ともかくはじめて音楽学研究所のバルトーク・アルヒーフを訪れて、所長のショムファイ博士に面会した時のことも忘れられない。日本から来た、という著者を見るなり、ショムファイ博士はこう言い放った。

「××クヮルテットのバルトークの録音は、災厄《ディザスター》だった」(××には日本の都市の名前が入る)

そう言われても、××クヮルテットのメンバーなんて面識ないし、日本代表でここまで来ているわけでもないし、なんとも答えようがない。念のために言えば、たぶんショムファイ氏には、それほどの悪気はない。こういうことを平気で言う人だったが、それより何より、リスト音楽院を中心に伝えられてきたハンガリーの演奏伝統（そこにはもちろんバルトーク作品の解釈も含まれる）というものに自負があり、自分もその重要な一角を占めていて、それとは全く関係のないところから現れた演奏に何か言いたかったのだと思う。筆者の方は、彼らがそれほどの自負を抱いている演奏伝統というものが、どういうものなのか、興味を持った。つまり××クヮルテットの演奏のどこが、彼らからすれば「間違っている」ということになるのか、知りたいと思ったのだ。

あの頃、それはたとえば荒々しい民族的性格というようなものなのかなあ、とおぼろげに考えていたのだけれど、その後注意してハンガリーの弦楽四重奏団の実演を聴いても（タカーチ弦楽四重奏団、ケラー弦楽四重奏団、バルトーク弦楽四重奏団など）どうもそう単純なものではなさそうだった。彼らが特に「民族的」とは感じられず、むしろ精巧で洗練された音楽を奏していたからだ。

＊　＊　＊

ヴェーグ弦楽四重奏団のボックス・セットを聴いていて、あらためてそんなことを考えた。シャーンドール・ヴェーグは、まさにハンガリー的演奏伝統の中心にいた音楽家である。一九一二年にコロジュヴァール（現ルーマニアのクルージ・ナポカ）に生まれ、ブダペストのリスト音楽院に一二歳の時、一九二四年に入学。ヴァイオリンをフバイに、作曲をコダーイに学び、一九三〇年に卒業すると、一九三四年には新ハンガリー弦楽四重奏団（後に「新」が取れて「ハンガリー弦楽四重奏団」となる）を結成する。バルトークの弦楽四重奏曲第五番は、一九三五年四月にコーリッシュ弦楽四重奏団（この四重奏団は周知のようにシェーンベルクをはじめとする新ウィーン楽派と強く結び付いていた）によって初演されているが、一九三六年三月のブダペスト（リスト音楽院のホール）での初演はヴェーグ率いる新ハンガリー弦楽四重奏団によって行われた。コーリッシュ四重奏団による演奏がワシントンで行われ、バルトークは立ち会えなかったのに対して、若いヴェーグたちによる演奏会については、バルトーク自身も練習に立ち会い、細かい検討が行われた。そしてこの演奏会の後に、作曲者は

ヴェーグ四重奏団の芸術

〔ベートーヴェン／弦楽四重奏曲全集（1952年録音），モーツァルト：弦楽四重奏曲K.421，同K.387，同K.458《狩り》，同K.464，同K.575《プロシャ王第1番》，同K.590（1951～1952年録音），シューベルト：弦楽四重奏曲第13番《ロザムンデ》，スメタナ：弦楽四重奏曲第1番《わが生涯より》（1952年，1953年録音），ブラームス：弦楽四重奏曲第1番，同第2番，同第3番（1952年，1954年録音），コダーイ：弦楽四重奏曲第2番（1953年録音），バルトーク：弦楽四重奏曲第1番，同第2番，同第3番，同第4番，同第5番，同第6番（1954年録音）〕

ヴェーグ四重奏団

細部に改訂を施し、印刷譜を作っている。翌四月には国際現代音楽協会の音楽祭がバルセロナで開催されたが、この時も新ハンガリー弦楽四重奏団が新曲であるバルトークの弦楽四重奏曲第五番を演奏している。一九三七年には、楽団に、バルトークとも親交の深かったヴァイオリニスト、Z・セーケイ（一九〇三～二〇〇一年）が加わり（ヴェーグは第二ヴァイオリンに回った）、バルトークとの結び付きはより強くなる。

この後、ハンガリー四重奏団の拠点がオランダに移ったのを機に、ヴェーグは退団して自分の楽団を結成する。それがヴェーグ弦楽四重奏団で、彼らは一九四〇年の結成から七八年までの三八年間、同じメンバーで活動した（七八年にメンバーが入れ替わるが、八〇年には解散している）。第一ヴァイオリンはもちろんヴェーグ。第二ヴァイオリンがS・ゼルディ、ヴィオラがG・ヤンツェル、チェロはP・サボーである。戦時中、目立った活動はなかったが、一九四六年に拠点をフランスに移した頃から彼らの快進撃が始まり、五〇年代にはベートーヴェンの弦楽四重奏曲全集（一九五二年）、バルトークの弦楽四重奏曲全集（一九五四年）などが話題をさらい、同時代で最も重要な弦楽四重奏団と目されるようになる。先に触れたボックス・セットは、この一九五〇年代の録音を集めたもので、モノーラル録音時代のベートーヴェン、バルトークの全集のほかに、ブラームスの三曲、モーツァルト、スメタナ、コダーイなどの弦楽四重奏曲が収められている。

ちなみにヴェーグ自身は、一九六〇年代あたりからは指揮活動も盛んに行うようになり、教師としても、数々の伝説を残している（一九九七年に没する）が、それら後年の活動についてはまた別の機会に譲ろう。

＊　＊　＊

さて、そのヴェーグ四重奏団の演奏を聴いているといろいろと意外な発見がある。ヴェーグは音楽的にはもちろんリーダーシップを取っていたが、ヴァイオリンの音自体は、この合奏体のなかでそんなに目立たない。和音になったときのバランスは、むしろ低音域、中音域が厚く、ヴァイオリンはそこに薄く乗っているだけだ。イントネーションについても、概してヴェーグのヴァイオリンの音は低めに感じるが、これは平均律的な尖った音程を徹底的に避けているからだろう。そういういくつかの傾向が組み合わさって、彼らの独特の響きが生まれる。

どれでもいいのだが、ゆっくりした序奏のついた弦楽四重奏曲の冒頭の和音を少し聴いてみればそれは明らかである。音程など、もちろんトップクラスの四重奏団なら細心の注意を払って自分たちなりの和音を作り出そうとしているのだが、ヴェーグ四重奏団の音はやはり極めて個性的だ。完全にマイルドに溶け合っているというよりは、各々の楽器の手触りが残っていて、

譜例

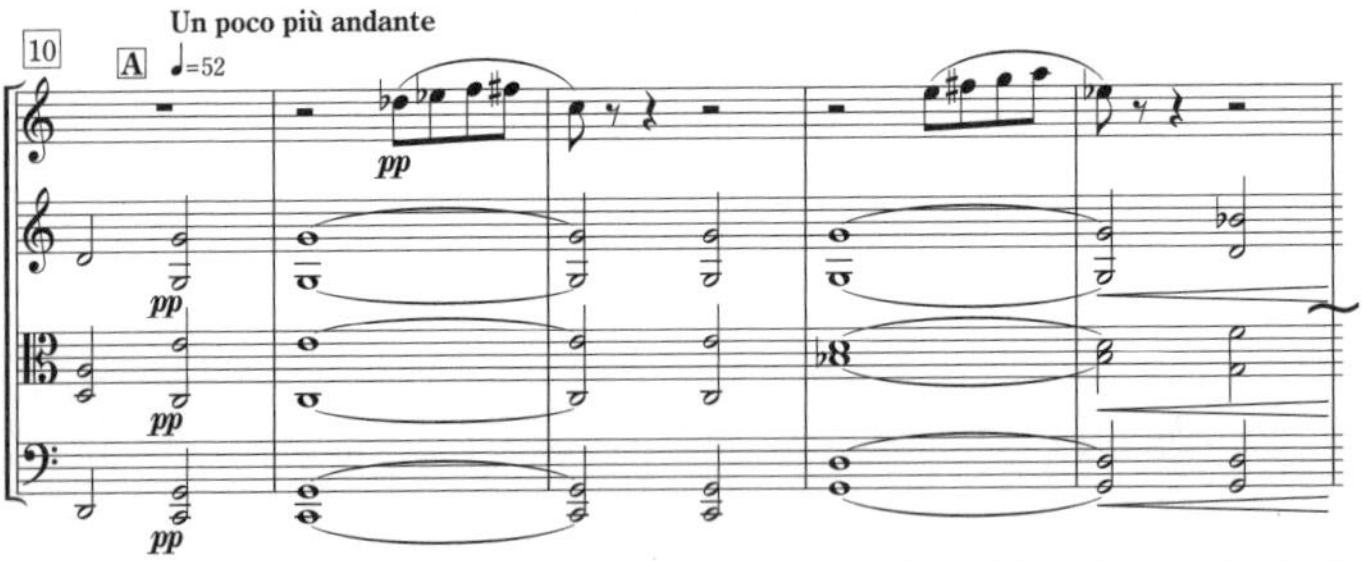

振動し合っている感覚が心地良い。

そのうえで、彼らの演奏は、単に技術的にエッジが効いている、とか、鮮やかだというようなことだけではなくて、音楽の細部の表現が今でも新鮮なところがある。先ほど述べたバルトークの弦楽四重奏曲第五番を少し詳しく見てみよう。

第二楽章は、急緩急緩急という五つの楽章から成るこの曲のなかでは、一番奥まった部分と言えるが、そのなかでもさらに秘密めいたところがあるのが、練習記号Aのあたり（譜例）。それまでのゴツゴツしたハードな景観が一変して、第二ヴァイオリン以下の三本の楽器が少し人間らしいコラール的な和音を奏で出す。そこに第一ヴァイオリンが断片的なつぶやくような旋律を乗せる。この第一ヴァイオリンと、そのほかの三つの楽器群との間の距離が問題で、景観の例えをもう少し続けるとゴツゴツした岩場から、突然柔和な景色が広がる高原に出て、そこに迷い込んだ人間は、自分もその景色に溶け込んで安心するのか、あるいはより不安を深めるかというようなことになるだろうか。ヴェーグのヴァイオリンは、ほかの楽器の和音と完全に乖離した音がして、このつぶやきの性格をはっきりと示してくれる（つまり孤独が深まる）のだが、現代の楽団は概してここで調和的になりがちだ。そういえばショムファイが述べた例の四重奏団の演奏でも、ここで第一ヴァイオリンは順応的に聞こえる。

＊　＊　＊

バルトーク以外で、とりわけ感銘を受けたのは、ベートーヴェンの弦楽四重奏曲の、中期から後期へと移り変わる時期の作品である。番号で言えば、第一〇番《ハープ》作品七四、第一一番《セリオーソ》作品九五、第一二番変ホ長調作品一二七あたり。

《ハープ》の第一楽章の最後（第二二一小節以降）は、第一ヴァイオリンにとっては難所で、細かい分散和音を延々と奏する部分が出てくる。これはヴァイオリンにとっては、見せ場でもあって、つい力が入ってしまうし、聴いている方もそちらに注意が向きがちだが、実は肝心なのは第二ヴァイオリン以下のピッツィカート、そして第二ヴァイオリンとヴィオラの掛け合いで続く高まりの方だ。ヴェーグ四重奏団の録音ほど、このことをはっきり示す演奏はないように思う。なんとも言えない幸福感が醸し出される。ここでも、ヴェーグはサポートに回ることを選んでいる。

第一二番は、もう後期に分類されるのだろうが、ともかく以前のベートーヴェンの音楽にあったあの前進的な性格は影を潜めている。同じ変ホ長調でも《ハープ》の幸福感からも、もっと自由に、もっと透明になって、長大な変奏曲の第二楽章など円環をめぐるばかりで一向に前に進む気配がない。第一楽章は、その前に置かれた序的な性格が強く、主題も断片的だ。楽章の最後では、その切ない旋律の断片がどんどん登って行って、最後に空にふっと消えてなくなる。ヴェーグ四重奏団の演奏で聴くと、その刷毛でさっと描いたような線が愛しくて仕方がない。ハイドン贔屓で、ついついベートーヴェンの音楽を悪者にしてしまいがちなので、心の中でお詫びを言いながら、繰り返しこれを聴いている。

Chapter 24

『僕のスウィング』をめぐって

2017年12月号

近年、この時期になると授業の関係で、ロマ関連の映画を見直すことになるのだが、今回観た『僕のスウィング』のことをここに書きとめておきたいと思う。「東欧」とはあんまり関係ないのだが。

監督はトニー・ガトリフ。映画は二〇〇二年だから、もう一五年も前の作だ。トニー・ガトリフは、一九四八年にアルジェリアで生まれている。父がフランス人で、母がアンダルシアのヒターノ（ジプシー）だったということは、いわゆる「ピエ・ノワール」ということになるだろうか（ピエ・ノワール＝黒い足とは、ア

映画『僕のスウィング』。トニー・ガトリフ監督作品。2002 年。音楽は、トニー・ガトリフ，チャボロ・シュミット，他

ルジェリアに植民したヨーロッパ系の人々のことで、カミュやデリダなどもその一員である）。少年時代をアルジェリアで過ごし、アルジェリア戦争に際して一九六〇年にフランスに移住した。映画監督としては、『ラッチョ・ドローム』（タイトルは「良い旅を」という意味、一九九三年）、『ガッジョ・ディーロ』（こちらは「頭のおかしいガッジョ＝非ロマ」という意味、一九九七年）、『トランシルヴァニア』（二〇〇六年）など、ロマと音楽をめぐる映画ばかりを撮ってきた。この『僕のスウィング』も、まさにロマと音楽をめぐる映画だが、ここでは特にマヌーシュ・スウィングと呼ばれるジャンゴ・ラインハルト由来のギター音楽が主役である。

＊　＊　＊

物語の舞台は、ストラスブールの近郊。この地域に住むマヌーシュ（フランスの「ジプシー」）たちは、集合住宅に定住している（あるいは、させられている）が、バックヤードに昔ながらのキャンピングトレーラーを置いて、そこで寝起きしている。マヌーシュ・ギターの名手、ミラルド（ジャンゴ・ラインハルトの音楽の最も正統な後継者、と言われるチャボロ・シュミットが演じている）のところに、フランス人の少年マックスがギターを教えてくれ、といってやってくる。少年は、お屋敷街に住むおばあちゃんのところに夏休みを過ごしに来ているのだ。ミラルドは「読み書きはできるか?」と尋ね、自分の代わりに役所に手紙を書いてくれるなら、といってギターのレッスンを引き受ける(つまりこのあたりに住むマヌーシュたちは誰も読み書きができない、という設定になっている)。

少年は自分のCDウォークマンと引き換えに、骨董屋の娘のスウィングから安物のギターを手に入れて、なんとかレッスンが始まる。なかなか上達しないが、そのうち少年は、ギターよりスウィングのことが気になり始める。彼女は、ほとんど少年のような格好をしていて、立ち入り禁止になっている川に平気で入って行って素手で魚をつかんだりするヤンチャな、目つきの鋭い少女だが、笑うとまだあどけない。

ミラルドの周りには、音楽好きのユダヤ人医師や、ウードを奏でるアラブ人(実際にはカサブランカ生まれの人物が演じている)が集まって、大規模なセッションを行ったりするのだが、その音楽は、マヌーシュ・スウィングに、クレズマー音楽とアラブの音楽が入り混じった多国

『僕のスウィング』で少年マックス、少女スウィングと交流するマヌーシュ・ギターの名手ミラルド役を演ずるのがこのチャボロ・シュミット。ロマ音楽とスウィング・ジャズを融合させたマヌーシュ・スウィングの創始者ジャンゴ・ラインハルトの正統な後継者として知られる。

籍なものになる。ロマにユダヤ人にアラブ人の集まりだから、ストラスブールのフランス人たちからすれば、みなアウトサイダーには違いない。彼らのパーティに紛れ込んだマックスは、この世界にすっかり魅了されて、スウィングたちと一緒にキャンピングトレーラーのなかで眠り込んでしまう。朝になると、孫を探しに来たおばあちゃんにあきれられ、連れ戻される。

ミラルドはマックスに、ギターのレッスンの合間に、頭痛に効く薬草や、好きな人の夢を見られるおまじないといった知識を与えてくれる。こういった知識を、マックスは「マヌーシュの日記」と題したノートに熱心に書き付ける。そしてミラルドは、今ではこうして定住するしかなくなったが（キャンピングトレーラーに寝起きしているとはいえ、それを引っ張る馬も自動車もないのだ）、いつか昔のように旅に出るのだ、と語ってくれる。

だが、マックスのギターもようやく上達した頃、レッスンの途中でコーヒーを沸かしにいったミラルドは、（おそらくは心臓発作で）倒れ、死んでしまう。マヌーシュたちの習慣に則って、死者の持ち物は全て焼かれる。自慢のギターも、キャンピングトレーラーも。

マックスの夏休みも終わりに近付き、彼は母と一緒にギリシャの島に旅立たねばならない。マックスは、お別れの前にスウィングと焼け残ったミラルドのギターのネックを、あの川の秘密の場所へ流しにいく。そしてマックスは自分が書いた「マヌーシュの日記」をスウィングにわたす。彼女は「でも、私は読めない」と答える。そしてマックスが母の車で行ってしまった後、殺風景な集合住宅に帰ってきたスウィングは、その日記を道端に置いていってしまう。「おやすみ、少女よ」というロマの子守歌が聞こえてきて、エンドロールが流れ始める。

＊　＊　＊

物語自体は、典型的なボーイ・ミーツ・ガールの話だが、マックスとスウィングがみずみずしくて可愛らしいので、それはそれで十分楽しい。しかも、ロマや音楽をめぐって、あちらこちらに印象的なシーンがある。いくつかここにスケッチしてみよう。

《黒い瞳》

物語の前半で、音楽的な主役となるのは、ミラルドが、クレズマーの楽隊や、アラブの楽器と一緒に演奏する《黒い瞳》だ。日本ではシャリアピンの歌声でよく知られるようになったロシアの歌だが、もともとはウクライナの詩人J・フレビーンカが一九世紀半ばに発表した詩に基づいているらしい。旋律の方は、ドイツ人のF・ヘルマンが一八八三年に書いたワルツのもので、このワルツに先の詩を乗せて歌われるようになった。シャリアピンが補作した歌詞によれば、黒い、情熱的な瞳を持つ娘に恋をしてしまったがゆえに破滅した男が描かれている。《黒い瞳》は、もちろんロマの女性を暗示しているので、マックスとスウィングの物語にはぴったりなのだが、そのうえこれはジャンゴ・ラインハルトのレパートリーでもあった。

一緒に演奏しているユダヤ系の人々は、ブダペスト・クレズマー・バンドの面々で、トニー・ガトリフが歌手兼ヴァイオリニストのイレーニ・カティツァに惚れ込んで、彼女をバンドごと連れてきたことでこの共演が実現したという。

旅すること／留まること

この映画で気になるのは、スウィングたちが遊ぶ川に架かる橋の上を、頻繁に轟音を立てて通り過ぎる列車である。ストラスブールだから国境も近いので、国際列車なのかもしれない。マヌーシュたちは、旅を夢見てはいても、今ではこの場所を離れることができないのに対して、国籍を持ち、パスポートを持つガッジョたちは、列車であちらこちらへ移動している。そもそもマックスは他所の街から来た少年だし、夏休みの終わりには、母と一緒にギリシャへ行ってしまう。スウィングの方は、やはりこの街にとどまるしかない。ガッジョが移動し、ロマがとどまる。本当は、土地に境界線を引いて、こちら側が自分のもの、あちらは相手のもの、といった区別をすることこそ、ロマたちにとっては奇妙なことなのに。スウィングは、電気会社が立ち入り禁止にしている区域に平気で入っていくし、マックスのおばあちゃんの家の塀をよじ登って、マックスを連れ出したりするが、これは大人たちの決まりを破る無法者という以上に、この「土地の境界」という考え方そのものを理解できないからでもある。たぶん彼らにとっては空気に境界を作ってこちら側が私の空気だからあなたは吸っちゃダメ、というのと同じくらい奇妙なことに思えるのだろう。だからこそ余計に、彼らを境界内に止まらせているガッジョの社会は、暴力的に感じられる。

スウィングは、お母さんなんかについていかないで、私と一緒にここに残ればいい、と言う。森に隠れていれば、私が食べ物を運んであげる、というスウィングの様子は無邪気だけれど、少し切ない。そばかすの残るマックスにそんな重い冒険はできないから、彼はマヌーシュの世界を後に、母の車に乗るしかないのだ。

燃やすこと／記録すること

ミラルドが死んだ後、彼の持ち物を全部焼いてしまうシーンは衝撃的だけれど、本当はとても羨ましい。ロマたちは、持ち物が残っていると死んだ者の魂が自由に飛んでいけないから、というのだが、たしかにそう言われると説得力がある。自分が死んで、遺産だの何だの一切顧慮せずに、自分が使ったものを全部焼いてしまうなんて、なんて素敵な生き方なのだろう。

授業に参加していた社会人受講生に言われてハッとしたのは、この映画ではガッジョは記録することばかりを考えていて、それがマヌーシュたちの文化とすれ違っている、ということだった。そういえば、マックスが最初に怪しげなギターと交換するのはCDウォークマンで、つまり彼は、音楽を記録するものを音楽そのものと交換したわけだ。ミラルドは、マックスに、音楽は楽譜じゃない、耳と心で覚えろ、というのだが、これもよくある説教のようでいて、実は「音楽」と「音楽の記録」との対立だ。

そしてマックスが熱心に書いた日記をスウィングが置き去りにしてしまうのも、つまりは記録する者たちの世界と燃やす者たちの世界とのすれ違いなのかもしれない。

おばあさんの話

スウィングのおばあさんは、いつもタバコをふかしながら、マックスを疑わしそうに見ているが、ある日ナチスによって身の回りの人々が収容所に引き立てられ、殺された時のことを教えてくれる。つまり彼女は「ポライモス」(ユダヤ人のホロコーストに対応して、ナチスによるロマの迫害と殺害のことをこのように呼ぶことが定着しつつある)の生き残りなのだ。

祖母を演じているのはエレーヌ・メルシュタインという、やはりマヌーシュの女性である。監督のインタビューによれば、このような体験を語ってくれるロマはなかなか見当たらず、ようやく彼女を探し当てた、という。だから祖母の回想のシーンはほとんどドキュメンタリーで、台本があったわけではないのだそうだ。

そして驚くべきは、続いて彼女が歌う三拍子の歌で、その張りのある、力強い声は、この音楽に満ちた映画のなかでも、最もインパクトを持ったものの一つだ。チャボロ・シュミットのギターとの組み合わせでも、彼女の声は一歩を引けをとらない。

夢見ること

ミラルドがマックスに教えてくれる恋のおまじないは可憐だ。周りを石で囲い、黄色い花(何の花だろう?)を刻んでそのなかに入れて、米を二、三粒に塩を少々。そして家に帰って好きな人のことを思いながら眠りにつくと、その人の夢が見られる、という。恋が叶う、というわけではない。夢で会える、というのだ。よく言われるジプシーの占いとかマジックとかいうものの原型はたぶんこういうものだったのではないかと思う。ガッジョの要求に答えて、その効力はもっと現実的なものにエスカレートさせられたのだろうが、本来は「好きな人の夢を見ることができる」という程度の可憐なものだった。これなら効きそうだ。

そしてマックスと離れる前にスウィングが渡したのも、首にかける「お守り」だった。それがあれば離れずにすむし、離れてもそれを触れば私と話ができる、とスウィングは言う。マックスが渡した「日記」と、スウィングが渡した「お守り」。ここにも、記録する文化と夢見る文化とのすれ違いがある。そして、夢見る文化の方が断然素敵に思える。連載の原稿なんか書いている筆者がそんなことを言っても、スウィングには鼻で笑われそうだけれど。

APPENDIX 断想

吉田秀和さんと初めてお会いしたのは、一九九七年の秋、はじめて出版した著書が思いがけず吉田秀和賞を受賞した、その授賞式でのことだった。この授賞式では毎年、受賞者がわりと長いスピーチをするのだが、私はあの吉田秀和さんの前で音楽の話をするのか、エラいことになったな、と思いながら、ともかくハンガリー留学時代の自分の研究の話をした（それが拙著『バルトーク』の内容だったからである）。そこで、ハンガリーまで出かけていって、現地のきわめて優秀な音楽学者たちが寄ってたかってバルトークの研究をしているのをこの目で見て、果たして極東から来た自分に一体何ができるのか、と真剣に自問せざるを得なかった、というようなことを話した。要は、研究における東西問題について語ったわけだが、吉田さんはその話を聞いた後でこんなことをおっしゃった。

「バルバラ（当時存命だった吉田夫人）もそれを言うんだ。ドイツ人である自分に日本のことを理解する資格があるのかってね。でも僕はあんまりそんなこと考えないんだなあ。」

そのときは、世代の差か、年季の入り方の違いか、そんなものなのかもしれないな、と思ったのだが、この言葉はその後だんだん私に重くのしかかってくることになる。

＊　＊　＊

二〇〇〇年頃から私は東京の新聞をベースに音楽評を書くようになり、月一回開かれるその音楽評の会議のために東京まで通い、そしてそこで吉田さんと定期的に会うようになった。その頃のエピソードを一つだけ。吉田さんが一九一三年生まれだ、という話になって「そういえばベンジャミン・ブリテンと同い年ですね」というようなことを言ってみたことがある。吉田さんは、こともなげに、ああそれは昔から知ってるよ、というような返事だった。「ベネチアで、The Turn of the Screw（このタイトルを吉田さんはあのラジオでもお馴染みの、少しゆっくりした、けれどよく通じそうな発音で原語のまま口にした）の初演を観た時に、本人とそんな話をしたよ。フェニーチェでね、隣にストラヴィンスキーが座っていて…」と返されて、私たち（私と、周りで聴いていた同世代の同僚たち）は皆ひっくり返った。ブリテンと同い年、というだけでもなんだかこの世の話とは思えないのに、そうかこの人は『ネジの回転』の初演をフェニーチェで観ていたのか。そのときにストラヴィンスキーと並んで聴いたのか。

＊　＊　＊

その後も吉田さんには細やかに気にかけていただいた、という感触が残っている。私事で恐縮だが、私は数年前に離婚して突然独り身になり、自分でもちょっと驚いて年賀状に「昨年得たもの、失ったもの、忘れたもの、忘れられないもの……感覚が更新されたようで、街を歩くといろいろなものが呼びかけてきます」というようなちょっと謎掛けのようなことを書いた。吉田さんはその年賀状に敏感に反応してくださり、「あなたの年賀状をしばらく見つめていました」と返事をくださった。その後、確かティーレマンが指揮をした演奏会でたまたまお会いしたら、吉田さんはこのことを覚えておられたらしく「でもあなたには立派な仕事がある」と声をかけていただいた。

＊　＊　＊

二〇一一年の夏に、離れて暮らすようになった二人の息子と遠足に出かけて、熊野古道を歩く機会があった。大阪から紀伊田辺の駅まで電車で行き、そこで一泊して翌朝、早起きしてバスで山へ。そこから本宮まで数時間古道を歩く。途中、カエルが目の前に落ちてきて、子供たちの言うところでは、これはモリアオガエルだったそうだ。台風十二号がこの地域一帯に大きな被害を残し、本宮も浸水してしまう、ほんの数日前の、短い晴れ間。

吉田さんのお別れの会（二〇一二年七月九日、サントリーホール）で上映されたヴィデオのなかで、吉田さんが和歌山にある自分の祖先の墓のことを話されていて、自分はあの文化的環境のなかから生まれ、生き、仕事してきたのだ、というようなことを語っていた。「あの文化的環境」――もちろん空海の高野山から南朝へ、南方熊楠の民俗学へ、そして中上健次の小説へと連なる日本文化の一番謎めいた場所のことだ。日本という制度が排除し、排除しながらも一番肝心なところでは自らの隠れた支えとしてきたものたち。熊野の自然は（そのほんの片隅を経験したにすぎないけれど）、決して威圧的ではなかった。そこにあったのは、私という存在を圧倒するような深く暗い森ではない。それはどこか明るく、軽く、開かれている。私はその風通しの良さに深く息をし、そしていつの間にか自分の痛みも悩みも淡くなり、さらには自分が自分であることも薄らいでゆく。

＊　＊　＊

ちょうどそんな音が鳴っている、とお別れの会で、小澤征爾さんが指揮する水戸室内管弦楽団の「G線上のアリア」を聴いて思った。小澤さんは楽員に混じって目立たずに現れ、大げさな身振りも儀式張った仕草もなく、淡々と演奏が始まる。演奏者たち全員の思いも、小澤さんの思い入れも、もちろんただならぬものであって、それは演奏にも感じられるのだけれど、それがなぜか重く垂直に深まっていかない。とても繊細で、明晰で、哀しい音楽だけれど、なぜか胸に切り込んで来るというよりは、聴いたはしから忘れて行ってしまいそうなくらい淡い。これはもう西洋音楽ではない、とすら思う。もうほとんど夢幻能かなにかの古典芸能を観ているかのようだ。小澤さんは、もちろん西洋音楽の真っ只中で格闘し、その頂点を極めた人なのだから、こんなことを言うのは気が引けるが、その行き着いた先はもはや洋の東西なんか問題ではないような、こんなにも淡い音楽だった。

　去年歩いた熊野の道はこんなふうだったなあ、と思い、そして吉田さんという人間もたしかにこんなふうな人だった、と思ってなんだか胸が一杯になる。

ONTOMO MOOK
吉田秀和―音楽を心の友と
二〇一二年一一月

母に、二人の息子に、
そして恵庭に

【著者紹介】
伊東信宏（いとう・のぶひろ）
1960年京都市生まれ。大阪大学文学部、同大学院修了。リスト音楽院（ハンガリー）客員研究員、大阪教育大学助教授などを経て、現在、大阪大学大学院文学研究科教授。著書に『バルトーク』（中央公論社、1997年、吉田秀和賞）、『ハイドンのエステルハージ・ソナタを読む』（春秋社、2003年）、『中東欧音楽の回路』（岩波書店、2009年、サントリー学芸賞）など。編著に『ピアノはいつピアノになったか？』（大阪大学出版会、2007年）など。訳書に『バルトーク音楽論選』（ちくま学芸文庫、2018年）など。

東《とう》欧《おう》音《おん》楽《がく》綺《き》譚《たん》

クルレンツィス・跛行《はこう》の来訪神《らいほうしん》・ペトルーシュカ

2018年10月10日　第1刷発行

著　者　伊《い》　東《とう》　信《のぶ》　宏《ひろ》
発行者　堀　内　久　美　雄
発行所　株式会社　音　楽　之　友　社
〒162-8716
東京都新宿区神楽坂6-30
電話 03（3235）2111（代）
振替 00170-4-196250
https://www.ongakunotomo.co.jp/

Printed in Japan

ISBN978-4-276-21076-9　C1073

デザイン：シンクロ
印　　刷：シナノパブリッシングプレス
製　　本：ブロケード